お仕事さくいん

建築やものづくりに
かかわるお仕事

はじめに

皆さんは、世の中にどんなお仕事があるか知っていますか？
また、すでにやりたいお仕事が決まっている方もいるかもしれませんね。
この本では、建築や工事、製造、ものづくり、開発、研究にかかわるお仕事について幅広く集めて、そのお仕事の説明やどのようなお仕事なのかについて知ることができる本を紹介しています。
タイトルにある「さくいん」とは、知りたいものを探すための入り口のことです。
本のリストから、興味のあるものや、図書館で見つけたものを選んで、「なりたい」仕事を考えるヒントにしてください。
皆さんがこの本を通じて、さまざまな仕事の世界に触れ、未来への第一歩を踏み出すお手伝いができることを願っています。

DBジャパン編集部

この本の使い方

───お仕事の名前や、建築やものづくりにかかわる知識の名前です。

陶芸家

粘土を使って茶碗やお皿、花瓶などの焼き物を作る仕事です。まず、ろくろや型を使って形を作り、乾かした後に窯で焼いて仕上げます。焼き方や使う土によって、さまざまな模様や質感が生まれます。日本には「瀬戸焼」や「有田焼」など、地域ごとに特徴のある伝統的な焼き物があります。
陶芸は手作業で行うため、同じデザインでも一つひとつ表情が違い、味わい深い作品になります。お皿などの日用品だけでなく、芸術作品として作られるものもあります。長い歴史と技術が受け継がれる、ものづくりの仕事です。

▶ お仕事について詳しく知るには

「職場体験完全ガイド 12」 ポプラ社 2010年3月【学習支援本】
「調べてみよう!日本の職人伝統のワザ 2「器」の職人」 学研教育出版 2011年2月【学習支援本】
「企業内職人図鑑:私たちがつくっています。3 (食の周辺で)」 こどもくらぶ編 同友館 2014年2月【学習支援本】
「職場体験学習に行ってきました。:中学生が本物の「仕事」をやってみた! 13」 全国中学校道路指導・キャリア教育連絡協議会監修 学研プラス 2016年2月【学習支援本】
「名探偵コナン推理ファイル九州地方の謎」 青山剛昌原作 ; 阿部ゆたかまんが ; 丸伝次郎まんが ; 長谷川康男監修 ; 平良隆久シナリオ 小学館(小学館学習まんがシリーズ. CONAN COMIC STUDY SERIES) 2018年12月【学習支援本】
「やきもの:おんた焼き◆大分県日田市―伝統工芸の名人に会いに行く ; 1」 瀬戸山玄文と写真 岩崎書店 2019年11月【学習支援本】

▶ お仕事の様子をお話で読むには

「皿と紙ひこうき」 石井睦美著 講談社 2010年6月【児童文学】
「龍のすむ家グラッフェンのぼうけん」 クリス・ダレーシー著 ; 三辺律子訳 竹書房

65

───お仕事のことや、知識、場所についての説明です。

───そのお仕事について書かれた本に、どのようなものがあるのかを紹介しています。

───そのお仕事の様子が物語で読める本に、どのようなものがあるのかを紹介しています。

本の情報の見方は次のとおりです。
「本の名前/書いた人や作った人の名前/出版社/出版された年月【本の種類】」

 この本は、建築やものづくりにかかわる主なお仕事を紹介していますが、全部の種類のお仕事が入っているわけではありません。また、本のリストもすべてのお仕事に入っているわけではありません。

目 次

1 建築や工事、建物にかかわる仕事

建築士、建築家、設計士 ——————————————————— 10

エクステリアプランナー ——————————————————— 12

インテリアコーディネーター、インテリアプランナー ———————— 13

CADデザイナー ————————————————————————— 14

庭師 ————————————————————————————————— 15

土木技術者 ——————————————————————————— 16

現場監督 ————————————————————————————— 17

重機オペレーター ————————————————————————— 18

エレベーター据付工 ——————————————————————— 19

配管工 ——————————————————————————————— 19

大工 ————————————————————————————————— 20

宮大工 ——————————————————————————————— 22

とび職人 ————————————————————————————— 23

左官職人 ————————————————————————————— 24

測量士 ——————————————————————————————— 25

足場工 ——————————————————————————————— 25

塗装工 ——————————————————————————————— 26

解体工 ——————————————————————————————— 27

内装工 ——————————————————————————————— 27

4

設備工事 ———————————————— 28

建設業、土木業 ———————————— 29

造園業 —————————————————— 31

建築、営繕 ————————————————— 32

2 製造や手仕事にかかわる仕事

食品加工、食品製造 ————————— 40

自動車製造 ————————————————— 42

鉄道車両製造 ———————————————— 45

スポーツ用品製造 —————————— 46

電子機器製造 ———————————————— 48

半導体製造 ————————————————— 48

金属加工 —————————————————— 49

旋盤工 ——————————————————— 50

整備士 ——————————————————— 51

検査工 ——————————————————— 53

品質管理 —————————————————— 54

生産管理 —————————————————— 55

玩具製作 —————————————————— 56

製造、ものづくり ————————— 57

製造業一般 ————————————————— 59

石工、瓦職人 ———————————————— 61

5

家具職人 ——————————————— 62

ジュエリー職人、宝飾職人 ——————— 63

時計職人 ——————————————— 64

陶芸家 ———————————————— 65

研ぎ師 ———————————————— 66

染め職人、染色家 ————————————— 67

人形職人 ——————————————— 68

花火師 ———————————————— 69

衣類、鞄、帽子、靴職人 ————————— 70

楽器職人 ——————————————— 72

修復家、修理屋 ——————————————— 73

工房 ————————————————— 75

3 開発、企画にかかわる仕事

エンジニア、技術者 ————————————— 78

製品開発 ——————————————— 81

研究開発 ——————————————— 82

商品企画 ——————————————— 84

発明家 ———————————————— 85

4 ものづくりにかかわる知識

伝統工芸 ——————————————— 90

設計、製図 ——————————— 94

測量 ——————————————— 95

エコデザイン ——————————— 97

ソーシャルデザイン ——————— 97

ユニバーサルデザイン —————— 98

建築学 ——————————————— 100

３Ｄプリンター ————————— 101

ＩｏＴ ——————————————— 102

以下のお仕事についても、本書のテーマに関わりますが
『お仕事さくいん』シリーズの既刊本に掲載されています。

〇料理人、調理師、板前、パン職人、パティシエ、和菓子職人、
　すし職人、飴細工職人、ショコラティエ、杜氏
→『お仕事さくいん　食べものにかかわるお仕事』に掲載。

8

1

建築や工事、建物にかかわる仕事

1 建築や工事、建物にかかわる仕事

建築士、建築家、設計士

人々が安心して暮らせる建物を設計する仕事です。建物の形や大きさを決めるだけでなく、風や光の入り方、地震に強い構造、住みやすさや使いやすさなどを考えて計画を立てます。また、材料の選び方や工事が計画どおりに進んでいるかを確認することも重要です。建物が完成するまでには多くの人と協力しながら進めるため、コミュニケーション能力も大切です。人々の暮らしを支える建築の仕事は、街づくりにもかかわるやりがいのある職業です。

▶お仕事について詳しく知るには

「日本の住―世界にはばたく日本力」 こどもくらぶ編さん ほるぷ出版 2010年3月【学習支援本】

「ひらめきの建築家ガウディ」 レイチェル・ロドリゲス文；ジュリー・パシュキス絵；青山南訳 光村教育図書 2010年5月【学習支援本】

「建築の仕事につきたい！：大切にしたい、日本のものづくりの心―教えて、先輩！私の職業シリーズ；1」 広瀬みずき著 中経出版 2011年2月【学習支援本】

「感動する仕事！泣ける仕事！：お仕事熱血ストーリー 第2期 8 (大切にしたい！自然のチカラ)」 日本児童文芸家協会編集 学研教育出版 2012年2月【学習支援本】

「しごとば 東京スカイツリー―しごとばシリーズ；4」 鈴木のりたけ作 ブロンズ新社 2012年4月【学習支援本】

「境界をこえる―15歳の寺子屋」 安藤忠雄著 講談社 2012年4月【学習支援本】

「ガウディ―オールカラーまんがで読む知っておくべき世界の偉人；3」 イスクチャ文；ドニファミリー絵；猪川なと訳 岩崎書店 2013年12月【学習支援本】

「建築という対話：僕はこうして家をつくる」 光嶋裕介著 筑摩書房（ちくまプリマー新書）2017年5月【学習支援本】

「ル・コルビュジエ：建築家の仕事―SUEMORI CHIEKO BOOKS」 フランシーヌ・ブッシェ作；ミッシェル・コーアン作；ミッシェル・ラビ絵；小野塚昭三郎訳 現代企画室 2017年10月【学習支援本】

「好きなモノから見つけるお仕事：キャリア教育にぴったり！3」 藤田晃之監修　学研プラス　2018年2月【学習支援本】

「NHKプロフェッショナル仕事の流儀8」 畠山重篤著；スギヤマカナヨ絵　ポプラ社　2018年4月【学習支援本】

「キャリア教育に活きる!仕事ファイル：センパイに聞く10」 小峰書店編集部編著　小峰書店　2018年4月【学習支援本】

「しぜんのかたち せかいのかたち：建築家フランク・ロイド・ライトのお話」 K.L.ゴーイング文；ローレン・ストリンガー絵；千葉茂樹訳　BL出版　2018年6月【学習支援本】

「キャリア教育支援ガイドお仕事ナビ17」 お仕事ナビ編集室著　理論社　2018年9月【学習支援本】

「バウハウスってなあに?」 インゴルフ・ケルン文；クリスティーネ・レッシュ絵；バウハウス・デッサウ財団編；田中純監修；大宮萌恵訳　白水社　2019年10月【学習支援本】

「絵でわかる建物の歴史：古代エジプトから現代の超高層ビル、未来の火星基地まで」 エドゥアルド・アルタルリバ著；ベルタ・バルディ・イ・ミラ著；伊藤史織訳；中島智章監修　エクスナレッジ　2020年4月【学習支援本】

「建築家になりたい君へ―14歳の世渡り術」 隈研吾著　河出書房新社　2021年2月【学習支援本】

「ガウディーよみがえる天才；6」 鳥居徳敏著　筑摩書房（ちくまプリマー新書）　2021年3月【学習支援本】

▶ お仕事の様子をお話で読むには

「いたずらのすきなけんちくか」 安藤忠雄原作；はたこうしろう絵　小学館　2020年3月【絵本】

「天使の歩廊：ある建築家をめぐる物語」 中村弦著　新潮社（新潮文庫）　2011年6月【ライトノベル・ライト文芸】

「眼球堂の殺人：The Book」 周木律著　講談社（講談社ノベルス）　2013年4月【ライトノベル・ライト文芸】

「悪魔交渉人2（緑の煉獄）」 栗原ちひろ著　KADOKAWA（富士見L文庫）　2014年12月【ライトノベル・ライト文芸】

「建築士・音無薫子の設計ノート：謎あり物件、リノベーションします。」 逢上央士著　宝島社（宝島社文庫）　2015年12月【ライトノベル・ライト文芸】

「建築学科のけしからん先生、天明屋空将の事件簿」 せひらあやみ著　集英社（集英社オレンジ文庫）　2016年1月【ライトノベル・ライト文芸】

「建築士・音無薫子の設計ノート[2]」 逢上央士著　宝島社（宝島社文庫）　2017年2月【ライトノベル・ライト文芸】

「未来のミライ」 細田守著　KADOKAWA（角川スニーカー文庫）　2018年7月【ライトノベ

1 建築や工事、建物にかかわる仕事

ル・ライト文芸】
「モルグ街の美少年」　西尾維新著　講談社（講談社タイガ）　2021年5月【ライトノベル・ライト文芸】
「この恋は世界でいちばん美しい雨」　宇山佳佑著　集英社（集英社文庫）　2021年6月【ライトノベル・ライト文芸】

エクステリアプランナー

家や建物の外まわりを美しく、使いやすくする仕事です。庭や玄関、フェンス、駐車場などをデザインし、見た目の良さだけでなく、安全性や機能性も考えます。例えば、歩きやすい道の配置や、植物の選び方、防犯対策なども大切です。お客様の希望を聞きながら、図面を作成し、工事の進み具合を確認することも仕事の一部です。住む人が快適に過ごせるよう、環境づくりをサポートする重要な役割を担っています。

▶ お仕事の様子をお話で読むには

「エクステリアのひみつ―学研まんがでよくわかるシリーズ；143」　たまだまさおまんが；オフィス・イディオム構成　学研プラス　2018年9月【学習支援本】

インテリアコーディネーター、インテリアプランナー

室内のデザインを考え、快適でおしゃれな空間を作る仕事です。壁や床の色、家具やカーテンの選び方、照明の配置などを考え、部屋の雰囲気を決めます。お客様の希望に合わせて、デザインや予算を考えながら提案します。また、家具メーカーや工事業者と打ち合わせをし、計画どおりに進んでいるかを確認することも大切です。色や素材の知識が必要で、住む人が気持ちよく暮らせる空間を作るために活躍します。

▶お仕事について詳しく知るには

「新13歳のハローワーク」 村上龍著；はまのゆか絵 幻冬舎 2010年3月【学習支援本】

「ファッション建築ITのしごと：人気の職業早わかり！」 PHP研究所編 PHP研究所 2011年2月【学習支援本】

「すべてバッチリ!!ワクワクお仕事ナビ」 ピチレモンブックス編集部編 学研教育出版 学研マーケティング (発売) (ピチ・レモンブックス) 2012年12月【学習支援本】

「ハッピー！おしゃれお仕事ナビ1001：キラ☆カワGirl―キラ☆カワgirlsコレクション」 キラ☆カワgirls委員会監修 世界文化社 2013年10月【学習支援本】

「なりたい！わくわく！おしごとずかん」 白岩等 総監修 チャイルド本社（チャイルドブックこども百科） 2016年12月【学習支援本】

「ときめきハッピーおしごと事典スペシャル―キラかわ★ガール」 おしごとガール研究会著 ナツメ社 2017年12月【学習支援本】

「好きなモノから見つけるお仕事：キャリア教育にぴったり！3」 藤田晃之監修 学研プラス 2018年2月【学習支援本】

「ポプラディアプラス仕事・職業 = POPLAR ENCYCLOPEDIA PLUS Career Guide. 1」 ポプラ社 2018年4月【学習支援本】

「キャリア教育支援ガイドお仕事ナビ 17」 お仕事ナビ編集室著 理論社 2018年9月【学習支援本】

1 建築や工事、建物にかかわる仕事

「夢をそだてるみんなの仕事300：野球選手/花屋 サッカー選手 医師/警察官 研究者/消防士 パティシエ 新幹線運転士 パイロット 美容師/モデル ユーチューバー アニメ監督 宇宙飛行士ほか」 講談社 2018年11月【学習支援本】

CADデザイナー

コンピュータを使って建物や機械などの設計図を描く仕事です。CAD（キャド）という専用のソフトを使い、細かい寸法や構造を正確に描きます。建築や工業製品のデザインにかかわることが多く、設計者のアイデアを形にする重要な役割を持っています。図面は工事や製造のもとになるため、ミスのない正確な作業が求められます。建築やものづくりに関心があり、パソコン作業が好きな人にとってやりがいのある仕事です。

▶ お仕事について詳しく知るには

「門田先生の3Dプリンタ入門：何を作れるのか、どう役立つのか」 門田和雄著 講談社（ブルーバックス） 2015年10月【学習支援本】

「基礎から学ぶ機械製図：3Dプリンタを扱うための3D CAD製図法」 門田和雄著 SBクリエイティブ 2016年1月【学習支援本】

「ポプラディアプラス仕事・職業 = POPLAR ENCYCLOPEDIA PLUS Career Guide. 1」 ポプラ社 2018年4月【学習支援本】

庭師

庭の木や花を植えたり、手入れをしたりする仕事です。美しい景色を作るために、季節ごとの植物を選び、バランスよく配置します。木や植物の不要な枝や葉を切り取るなどして形を整えたり、芝生を管理したりすることも大切な仕事です。日本庭園や公園、個人の庭など、さまざまな場所で活躍します。自然に囲まれた環境で働きながら、植物の成長を見守り、人々がリラックスできる空間を作ることができるやりがいのある仕事です。

▶お仕事について詳しく知るには

「調べてみよう!日本の職人伝統のワザ 4 (「住」の職人)　学研教育出版　学研マーケティング (発売)　2011年2月【学習支援本】

「職場体験完全ガイド 28」　ポプラ社　2012年3月【学習支援本】

「水族館の飼育員・盲導犬訓練士・トリマー・庭師」　ポプラ社　2012年3月【学習支援本】

「アニメおさるのジョージつまって、あふれて」　マーガレット・レイ; ハンス・アウグスト・レイ 原作;マーシー・ゴールドバーグ・サックス; プリヤ・ギリ・デサイ 翻案;ジョー・ファロン テレビアニメ脚本;山北めぐみ訳　金の星社　2012年5月【学習支援本】

「日本の伝統文化仕事図鑑 [2]」　ワン・ステップ編　金の星社　2019年2月【学習支援本】

「ザ・裏方：キャリア教育に役立つ! 3」　フレーベル館　2019年3月【学習支援本】

▶お仕事の様子をお話で読むには

「花咲くシンデレラ」　真船るのあ著　集英社 (コバルト文庫)　2013年3月【ライトノベル・ライト文芸】

「ガーデン・オブ・フェアリーテイル：造園家と緑を枯らす少女」　東堂燦著　集英社 (集英社オレンジ文庫)　2018年8月【ライトノベル・ライト文芸】

1 建築や工事、建物にかかわる仕事

土木技術者

道路や橋、ダム、トンネルなどを作る仕事をする人です。安全で丈夫なものを作るために、どんな形や材料が良いかを考えたり、工事がしっかり進んでいるかを確認したりします。また、大雨や地震に強い街づくりにもかかわり、人々の安全な暮らしを守る役割も担っています。この仕事をするためには、土地の測り方や機械の使い方、建物を作る材料について学ぶ必要があります。作ったものが何年も残り、多くの人の役に立つ、やりがいのある仕事です。

> ▶お仕事について詳しく知るには
>
> 「夢をそだてるみんなの仕事300：野球選手/花屋 サッカー選手 医師/警察官 研究者/消防士 パティシエ 新幹線運転士 パイロット 美容師/モデル ユーチューバー アニメ監督 宇宙飛行士ほか」 講談社 2018年11月【学習支援本】

現場監督

工事がスムーズに進むように管理する仕事です。建物や道路を作るとき、大工さんや職人さんと協力して安全に作業ができるように、指示を出します。また、設計図どおりに作られているか、決められた時間内に終わるかを確認することも大切な仕事です。雨の日の対策や、お金の使い方も考えながら工事を進めます。たくさんの人と話し合い、まとめる力が必要な仕事で、完成した建物が長く残る、やりがいのある仕事です。

▶ お仕事について詳しく知るには

「あこがれお仕事いっぱい！せいふく図鑑：大きくなったらどれ着たい？」 勝倉崚太写真　学研教育出版 学研マーケティング（発売）　2012年4月【学習支援本】

「しごとば 東京スカイツリー――しごとばシリーズ；4」 鈴木のりたけ作　ブロンズ新社　2012年4月【学習支援本】

「職場体験完全ガイド 45」　ポプラ社　2015年4月【学習支援本】

▶ お仕事の様子をお話で読むには

「どうぶつこうむてんこうじちゅう」　シャロン・レンタ さく・え；まえざわあきえやく　岩崎書店　2013年7月【児童文学】

1 建築や工事、建物にかかわる仕事

重機オペレーター

大きな機械（重機）を動かす仕事をする人です。ショベルカーで土を掘ったり、クレーンで重いものを運んだり、ブルドーザーで地面をならしたりします。橋やダムを作るときなど、さまざまな工事現場でとても大切な役割を担います。重機を動かすには特別な免許が必要で、安全に作業する技術が求められます。細かく正確に操作する力も必要なので、体力だけでなく集中力のある人や、機械を動かすのが好きな人に向いている仕事です。

▶お仕事について詳しく知るには

「しごとば 東京スカイツリー―しごとばシリーズ；4」 鈴木のりたけ作　ブロンズ新社　2012年4月【学習支援本】

「ミッドタウン・タワー超高層ビル248mへの道―このプロジェクトを追え!」 深光富士男文　佼成出版社　2012年10月【学習支援本】

「港で働く人たち：しごとの現場としくみがわかる!」 大浦佳代著　ぺりかん社　2013年1月【学習支援本】

「バイクレーサー・重機オペレーター・タクシードライバー・航空管制官」 ポプラ社　2014年4月【学習支援本】

「職場体験完全ガイド 39」 ポプラ社　2014年4月【学習支援本】

「ポプラディアプラス仕事・職業 = POPLAR ENCYCLOPEDIA PLUS Career Guide. 1」 ポプラ社　2018年4月【学習支援本】

エレベーター据付工

ビルやマンションなどにエレベーターを取り付ける仕事です。高い建物ではエレベーターが欠かせませんが、それを安全に使えるようにしています。まず、大きな部品を運び、決められた場所にしっかり取り付け、エレベーターがスムーズに動くかどうかを何度も確認し、安全に動くように調整します。そして、エレベーターが長く安全に使えるように、定期的な点検や修理を行うこともあります。私たちの生活に欠かせない設備を作る大切な仕事です。

▶お仕事について詳しく知るには

「しごとば 東京スカイツリー―しごとばシリーズ：4」 鈴木のりたけ作　ブロンズ新社
2012年4月【学習支援本】

配管工

建物の水道やガス、空調の管を取り付ける仕事です。家やビル、工場などに私たちが使う水や空気、ガスを安全に運ぶために、必要な「配管」を設置します。配管工は、設計図を見ながら決められた場所に管を取り付け、水が漏れたり、ガスが漏れたりしないようにしっかり固定します。そのために、特別な工具を使って管を切ったり、つないだりする技術が必要です。また、古くなった配管を新しいものに交換したり、壊れた部分を修理したりもします。人々の暮らしを支える、やりがいのある仕事です。

▶お仕事について詳しく知るには

「ポプラディアプラス仕事・職業 = POPLAR ENCYCLOPEDIA PLUS Career Guide. 1」
ポプラ社　2018年4月【学習支援本】

1 建築や工事、建物にかかわる仕事

大工

主に木を使って家や建物を作る職人です。木材を切ったり、組み立てたりして、柱や壁、床などを作ります。日本の木造建築では、大工の技術がとても大切です。木の性質をよく知り、長持ちする家を作るために、ていねいに作業を行います。昔ながらの工法を使った伝統的な建物を作ることもあれば、新しい技術を使って、より住みやすい家を作ることもあります。完成した家は何十年も使われ、多くの人の暮らしを支える、やりがいのある仕事です。

▶お仕事について詳しく知るには

「しごとば. 続々―しごとばシリーズ ; 3」 鈴木のりたけ作　ブロンズ新社　2011年1月【学習支援本】

「調べてみよう!日本の職人伝統のワザ 4 (「住」の職人)」　学研教育出版　2011年2月【学習支援本】

「めざせ!世界にはばたく若き職人 3」　こどもくらぶ編　WAVE出版　2015年3月【学習支援本】

「未来のお仕事入門 = MANGA FUTURE CAREER PRIMER」　東園子 まんが　学研教育出版 学研マーケティング (発売)　2015年8月【学習支援本】

「調べてまとめる!仕事のくふう 5」　岡田博元監修　ポプラ社　2020年4月【学習支援本】

▶お仕事の様子をお話で読むには

「タトゥとパトゥのへんてこアルバイト : 12のアルバイト体験一挙大公開!」　アイノ・ハブカイネン ; サミ・トイボネン作 ; いながきみはる訳　猫の言葉社　2015年3月【絵本】

「だいくとおにろく―一年生のおはなし ; 10」　飯島敏子文 ; 狩野富貴子絵　ひかりのくに　2021年1月【絵本】

「大工のポンとダイダイカズラ」　ヒサナガ文・絵　文芸社　2021年2月【絵本】

「船大工の娘 : 二つの島が一つになった」　AmA夢草著　文芸社　2021年10月【絵本】

20

「セーラと宝の地図―チュウチュウ通りのゆかいななかまたち；9番地」　エミリー・ロッダ作；さくまゆみこ訳；たしろちさと絵　あすなろ書房　2011年3月【児童文学】

「雪のものがたり = WHITE MEMORIES」　黒瀬文子著；愛媛新聞サービスセンター生活情報出版部編集　愛媛新聞サービスセンター生活情報出版部　2012年7月【児童文学】

「狛犬の佐助 迷子の巻―ノベルズ・エクスプレス；19」　伊藤遊作；岡本順画　ポプラ社　2013年2月【児童文学】

「もんぺ」　堀井京子著　文芸社　2015年8月【児童文学】

「わらぐつのなかの神様―はじめてよむ日本の名作絵どうわ；5」　杉みき子作；加藤美紀絵　岩崎書店　2016年3月【児童文学】

「みてろよ!父ちゃん!!」　くすのきしげのり作；小泉るみ子絵　文溪堂　2016年7月【児童文学】

「トンカチくんと、ゆかいな道具たち」　松居スーザン作；堀川真絵　あすなろ書房　2017年11月【児童文学】

「おじいちゃんとおかしな家―ものがたりの庭」　西美音作；石川えりこ絵　フレーベル館　2018年2月【児童文学】

「まかせて!母ちゃん!!」　くすのきしげのり作；小泉るみ子絵　文溪堂　2018年4月【児童文学】

「ニキチ 改訂増補版」　紫藤幹子著　能登印刷出版部　2018年5月【児童文学】

「ねこの町のホテルプチモンド：ハロウィンとかぼちゃの馬車―わくわくライブラリー」　小手鞠るい作；くまあやこ絵　講談社　2019年9月【児童文学】

「けんか餅―お江戸豆吉；1」　桐生環作；野間与太郎絵　フレーベル館　2021年5月【児童文学】

「屋根に上る―ティーンズ文学館」　かみやとしこ作；かわいちひろ絵　学研プラス　2021年12月【児童文学】

「菓子屋横丁月光荘 [4]」　ほしおさなえ著　角川春樹事務所（ハルキ文庫）　2021年6月【ライトノベル・ライト文芸】

「京都はんなり、かりそめ婚 [2]」　華藤えれな著　ポプラ社（ポプラ文庫ピュアフル）　2021年7月【ライトノベル・ライト文芸】

1 建築や工事、建物にかかわる仕事

宮大工

神社やお寺などの伝統的な建物を作る大工です。普通の建物とは違い、昔から伝わる特別な技術を使って建てられます。宮大工は、木と木をぴったり組み合わせる「木組み」という技を使い、釘をほとんど使わずに丈夫な建物を作ります。長い年月に耐えられるように、木の種類や加工方法にもこだわります。また、神社やお寺には美しい彫刻や細かい飾りがあることが多く、宮大工はそれらをていねいに手作業で仕上げます。日本の伝統を守り、何百年も残る建物を作る、とても誇りのある仕事です。

▶お仕事について詳しく知るには

「新13歳のハローワーク」　村上龍著；はまのゆか絵　幻冬舎　2010年3月【学習支援本】

「日本の住」　こどもくらぶ編さん　ほるぷ出版　2010年3月【学習支援本】

「法隆寺：世界最古の木造建築」　西岡常一；宮上茂隆著；穂積和夫 イラスト　草思社　2010年3月【学習支援本】

「職場体験完全ガイド 21　ポプラ社　2011年3月【学習支援本】

「和紙職人・織物職人・蒔絵職人・宮大工」　ポプラ社　2011年3月【学習支援本】

「元気がでる日本人100人のことば 1」　晴山陽一監修　ポプラ社　2012年3月【学習支援本】

「読む知る話すほんとうにあったお話. 6年生」　笠原良郎；浅川陽子監修　講談社　2013年2月【学習支援本】

「仕事発見!生きること働くことを考える = Think about Life & Work」　毎日新聞社著　毎日新聞社　2013年5月【学習支援本】

「時代を切り開いた世界の10人：レジェンドストーリー. 第2期2」　髙木まさき監修　学研教育出版 学研マーケティング (発売)　2015年2月【学習支援本】

「時代を切り開いた世界の10人：レジェンドストーリー. 第2期5」　髙木まさき監修　学研教育出版 学研マーケティング (発売)　2015年2月【学習支援本】

「よくわかる修学旅行ガイド奈良：世界遺産と国宝をめぐる」　PHP研究所編　PHP研究所　2015年3月【学習支援本】

「未来のお仕事入門 = MANGA FUTURE CAREER PRIMER」 東園子 まんが　学研教育出版　学研マーケティング（発売）　2015年8月【学習支援本】

「10代のための仕事図鑑 = The career guide for teenagers : 未来の入り口に立つ君へ」 大泉書店編集部編　大泉書店　2017年4月【学習支援本】

「能・狂言」 中村雅之著　偕成社　2017年4月【学習支援本】

「ここがスゴイよ!ニッポンの文化大図鑑 : 名作マンガ100でわかる! 5巻」 ニッポンの文化大図鑑編集委員会編　日本図書センター　2018年1月【学習支援本】

「個性ハッケン! : 50人が語る長所・短所. 4」 田沼茂紀監修　ポプラ社　2018年9月【学習支援本】

「日本の伝統文化仕事図鑑 [2]」 ワン・ステップ編　金の星社　2019年2月【学習支援本】

「ザ・裏方 : キャリア教育に役立つ! 3」 フレーベル館　2019年3月【学習支援本】

「おしごと年鑑 : みつけよう、なりたい自分」 谷和樹監修 ; 朝日新聞社編　朝日新聞出版　2019年7月【学習支援本】

「日本遺産 = JAPAN HERITAGE : 地域の歴史と伝統文化を学ぶ. 2」 ポプラ社　2019年11月【学習支援本】

とび職人

高い建物の骨組みを作る職人です。鉄骨を組み立てたり、工事をするための足場を作ったりします。工事現場では高い場所での作業が多いので、安全に気をつけることがとても大切です。また、重い材料を運んだり、しっかり組み立てたりするために、チームで協力して作業をします。とび職人の技術がなければ、大きなビルや橋を作ることができません。建物を支える大事な部分を作る仕事なので、正確さと勇気が必要です。日本の建築を支える、かっこいい職人の仕事です。

1 建築や工事、建物にかかわる仕事

左官職人
さかんしょくにん

家の壁や床を塗ったり、きれいに仕上げたりする仕事です。昔の日本の家では、土や石灰を使って壁を作ることが多く、その仕上げを左官職人が担当していました。今では、モルタルやコンクリートを使った家づくりでも活躍しています。左官職人の仕事では、壁のデザインや手触りをきれいにすることが大切です。手作業が多く、何年も経験を積んで技術を磨くことが求められる仕事です。左官職人が作る壁や床は、美しく、丈夫で、家の雰囲気を良くする大切な部分です。

▶ お仕事の様子をお話で読むには

「家づくりにかかわる仕事：大工職人 畳職人 左官職人：マンガー知りたい!なりたい!職業ガイド」 ヴィットインターナショナル企画室編　ほるぷ出版　2010年2月【学習支援本】

「仕事発見!生きること働くことを考える ＝ Think about Life & Work」 毎日新聞社著　毎日新聞社　2013年5月【学習支援本】

「めざせ!世界にはばたく若き職人 3」 こどもくらぶ編　WAVE出版　2015年3月【学習支援本】

「考えよう!女性活躍社会.2」 孫奈美編　汐文社　2017年4月【学習支援本】

「日本の手仕事 [2]」 遠藤ケイ絵と文　汐文社　2017年10月【学習支援本】

測量士

土地や建物の大きさや高さを正確に測る仕事です。道路や建物を作る前に、その土地がどんな形をしているのかを詳しく調べます。測ったデータをもとに、地図を作ったり、工事の計画を立てたりします。測量には、特別な機械やGPSを使い、ほんの少しのズレもないように慎重に測ります。山や川、都市の中など、さまざまな場所で作業をすることもあります。建物や橋などが安全に作られるためには、正確な測量が必要不可欠です。測量士の仕事があるからこそ、私たちは安心して暮らすことができるのです。

足場工

建設現場で職人たちが高い場所でも安全に作業できるように、鉄や木の足場を組み立てる仕事です。足場とは、建物を作ったり修理したりするために、一時的に作る「作業するための通路や台」のことです。工事が終わると、使った足場をしっかり解体し、元の状態に戻します。足場がしっかりしていないと、作業する人がけがをするおそれがあるため、正確で頑丈に組み立てることがとても大切です。高いところでの作業も多く、体を動かすのが好きな人に向いています。建物が安全に作られるためには欠かせない、大切な仕事です。

1 建築や工事、建物にかかわる仕事

塗装工

建物や橋、車などにペンキを塗る仕事をします。ただ見た目をきれいにするだけでなく、雨や風、サビから守る役割もあります。建物の外壁や鉄の橋などは、時間がたつと汚れたり傷んだりするため、定期的に塗り直しが必要です。ペンキをムラなく塗るためには、ローラーやスプレーなどの道具を使いこなす技術が必要です。また、作業中に周りを汚さないようにしっかりとシートやテープなどで保護をすることも大切です。塗装工の仕事によって、建物や橋が長持ちし、美しく保たれるのです。

▶お仕事について詳しく知るには

「ポプラディアプラス仕事・職業 = POPLAR ENCYCLOPEDIA PLUS Career Guide. 1」 ポプラ社　2018年4月【学習支援本】

▶お仕事の様子をお話で読むには

「ペンキやさん」　あおきあさみ さく　福音館書店　2013年6月【児童文学】

「レイ君、ペンキ屋さんに色をもらう」　松本多胡 さく;鈴木康治 え　文芸社　2020年12月【児童文学】

解体工

古くなった建物や橋を安全に取り壊す仕事です。新しい建物を建てる前に、不要になったものをきちんと片づけることが大切です。大きな機械を使って壊すこともあれば、細かい部分を手作業で解体することもあります。また、壊した後のガレキを種類ごとに分別し、リサイクルできるものと処分するものを分けることも重要な作業です。安全に作業を進めるため、周りの環境や近隣の人々にも配慮しながら慎重に仕事を行います。

▶ お仕事の様子をお話で読むには

「こわす」 サリー・サットン さく；ブライアン・ラブロック え；あらやしょうこ やく 福音館書店 2019年3月【絵本】

「はたらくくるまたちのかいたいこうじ」 シェリー・ダスキー・リンカー 文；AG・フォード絵；福本友美子訳 ひさかたチャイルド 2020年10月【絵本】

内装工

建物の中をきれいに仕上げる仕事です。壁や天井、床などを作り、快適に過ごせる空間を整えます。例えば、オフィスやお店のデザインに合わせて、壁紙を貼ったり、天井を作ったり、床を張り替えたりします。内装によって部屋の雰囲気が変わるため、お客様の希望に合わせた工夫が必要です。また、防音や断熱など、快適に過ごせる工夫も求められます。建物の完成を支える、大切な仕事です。

▶ お仕事について詳しく知るには

「会社のしごと：会社の中にはどんな職種があるのかな？2」 松井大助著 ぺりかん社 2012年5月【学習支援本】

1 建築や工事、建物にかかわる仕事

設備工事

建物に電気や水道、空調（エアコン）などの設備を取り付ける仕事です。学校や病院、オフィスなどでは、多くの人が快適に過ごせるよう、電気や水の流れをしっかり計画しながら工事を進めます。設備が正しく設置されていないと、水が流れなかったり、電気が使えなかったりして大きな問題になります。また、設置した後も、故障しないように定期的な点検や修理を行うことも重要です。建物を利用する人が快適に過ごせるようにするために、なくてはならない仕事です。

▶ お仕事について詳しく知るには

「会社のしごと：会社の中にはどんな職種があるのかな？2」 松井大助著　ぺりかん社 2012年5月【学習支援本】

建設業、土木業

建物や道路、橋などを作る業界全体を指します。建設業には住宅やビルを建てる仕事が含まれ、土木業では道路やダム、トンネルなどの大きな工事を行います。どちらも社会の発展に欠かせない仕事で、多くの

専門職の人たちが協力しながら工事を進めます。建設業や土木業では、安全第一で作業することが求められ、最新の技術を取り入れながら街づくりを支えています。私たちの暮らしに欠かせない重要な仕事です。

▶ お仕事について詳しく知るには

「八田與一:東洋一のダムを作った日本人―小学館版学習まんが」 みやぞえ郁雄まんが;平良隆久シナリオ;許光輝監修 小学館 2011年6月【学習支援本】

「まちづくりのひみつ―学研まんがでよくわかるシリーズ;62」 ひろゆうこ漫画;橘悠紀構成 学研パブリッシングコミュニケーションビジネス事業室 2011年8月【学習支援本】

「日本の鉄道技術―世界にはばたく日本力」 秋山芳弘著;こどもくらぶ編さん ほるぷ出版 2011年9月【学習支援本】

「ロボット世界のサバイバル:生き残り作戦 2―かがくるBOOK.科学漫画サバイバルシリーズ」 金政郁文;韓賢東絵 朝日新聞出版 2013年1月【学習支援本】

「新・親子で学ぶ偉人物語 10」 河合敦監修;小林裕子イラスト;モラロジー研究所出版部編集 モラロジー研究所 2013年6月【学習支援本】

「コマツ一見学!日本の大企業」 こどもくらぶ編さん ほるぷ出版 2014年3月【学習支援本】

「どうろこうじのくるま―まえとうしろどんなくるま?;1」 こわせもりやす作 偕成社 2015年9月【学習支援本】

「企業内職人図鑑:私たちがつくっています。8(建築・木工)」 こどもくらぶ編 同友館 2016年1月【学習支援本】

「建設機械レンタル会社図鑑:未来をつくる仕事がここにある」 レンタルのニッケン監修;いわた慎二郎絵;日経BPコンサルティング編集 日経BPコンサルティング 2016年3月【学習支援本】

「キャリア教育支援ガイドお仕事ナビ 13」 お仕事ナビ編集室著 理論社 2017年12月【学

1 建築や工事、建物にかかわる仕事

習支援本】

「歴史と人物でたどる日本の偉大な建造物！：ドラマチックストーリー 2」 大庭桂作；NAKA絵 教育画劇 2018年2月【学習支援本】

「歴史と人物でたどる日本の偉大な建造物！：ドラマチックストーリー 1」 金田妙作；洵絵著 教育画劇 2018年4月【学習支援本】

「歴史と人物でたどる日本の偉大な建造物！：ドラマチックストーリー 3」 大庭桂作；NAKA絵 教育画劇 2018年4月【学習支援本】

「歴史と人物でたどる日本の偉大な建造物！：ドラマチックストーリー 4」 藤田晋一作；洵絵 教育画劇 2018年4月【学習支援本】

「歴史と人物でたどる日本の偉大な建造物！：ドラマチックストーリー 5」 藤田晋一作；雨谷梼里絵 教育画劇 2018年4月【学習支援本】

「土木のずかん：災害に備えるわざ」 吉田勇人共著；速水洋志共著；稲垣正晴共著；水村俊幸共著 オーム社 2019年11月【学習支援本】

「建設戦隊アンゼンジャー 交通安全の巻」 にじ種えり作；あきのはるの絵；渡部功治監修 三恵社 2020年1月【学習支援本】

「建設戦隊アンゼンジャー 身近にあるキケンの巻」 いしいさ奈作；あきのはるの絵；渡部功治監修 三恵社 2020年1月【学習支援本】

「土木のずかん [2]」 吉田勇人共著；速水洋志共著；稲垣正晴共著；水村俊幸共著 オーム社 2020年3月【学習支援本】

「空港のたんけん」 福手勤監修；星の環会編 星の環会（ドボジョママに聞く土木の世界） 2020年4月【学習支援本】

「川のたんけん」 福手勤監修；星の環会編 星の環会（ドボジョママに聞く土木の世界） 2020年4月【学習支援本】

「鉄道のたんけん」 福手勤監修；星の環会編 星の環会（ドボジョママに聞く土木の世界） 2020年4月【学習支援本】

「土木のずかん [3]」 稲垣正晴共著；速水洋志共著；水村俊幸共著；吉田勇人共著 オーム社 2020年4月【学習支援本】

「道路のたんけん」 福手勤監修；星の環会編 星の環会（ドボジョママに聞く土木の世界） 2020年4月【学習支援本】

「大きな森のかみさまのおひっこし」 つちやゆみぶん；いながきかおりえ；中島徹監修 三恵社 2020年8月【学習支援本】

造園業
ぞうえんぎょう

公園や庭、街路樹などを設計し、植物を植えて美しい景観を作る仕事です。木や花を配置するだけでなく、石や池、小道などを使って自然と調和した空間をデザインします。日本庭園のような伝統的な庭や、モダンなデザインの庭など、さまざまな種類の庭づくりを行います。植物の成長を見守りながら、長く楽しめる庭を作ることが特徴です。私たちが気持ちよく過ごせる緑の空間を作る、大切な仕事です。

▶お仕事について詳しく知るには

「宇宙環境動物のしごと：人気の職業早わかり！」 PHP研究所編 PHP研究所 2010年12月【学習支援本】

「社会科見学に役立つわたしたちのくらしとまちのしごと場4」 ニシエ芸児童教育研究所編 金の星社 2013年3月【学習支援本】

「仕事発見!生きること働くことを考える = Think about Life & Work」 毎日新聞社著 毎日新聞社 2013年5月【学習支援本】

「めざせ!世界にはばたく若き職人 3」 こどもくらぶ編 WAVE出版 2015年3月【学習支援本】

「10代のための仕事図鑑 = The career guide for teenagers : 未来の入り口に立つ君へ」 大泉書店編集部編 大泉書店 2017年4月【学習支援本】

「ポプラディアプラス仕事・職業 = POPLAR ENCYCLOPEDIA PLUS Career Guide. 1」 ポプラ社 2018年4月【学習支援本】

「夢をそだてるみんなの仕事300：野球選手/花屋 サッカー選手 医師/警察官 研究者/消防士 パティシエ 新幹線運転士 パイロット 美容師/モデル ユーチューバー アニメ監督 宇宙飛行士ほか」 講談社 2018年11月【学習支援本】

▶お仕事の様子をお話で読むには

「雪の布団+「................」」 青木祐著 文芸社(文芸社プレミア倶楽部) 2013年10月【児童文学】

1 建築や工事、建物にかかわる仕事

建築、営繕

建物を新しく建てたり、古くなった部分を修理したりすることです。長く使われた建物は、時間が経つにつれて壁にひびが入ったり、雨漏りが起きたりすることがあります。そのまま放っておくと、安全に使えなくなってしまうため、必要な修理をして、快適に使えるようにします。また、より便利にするために、部屋の間取りを変えたり、地震に強くするための補強工事を行ったりすることもあります。建物を作り、長持ちさせ、安全に使い続けられるようにするために、なくてはならない仕事です。

▶お仕事について詳しく知るには

「家づくりにかかわる仕事：大工職人 畳職人 左官職人：マンガ—知りたい！なりたい！職業ガイド」 ヴィットインターナショナル企画室編 ほるぷ出版 2010年2月【学習支援本】

「日本の住—世界にはばたく日本力」 こどもくらぶ編さん ほるぷ出版 2010年3月【学習支援本】

「法隆寺：世界最古の木造建築 新装版—日本人はどのように建造物をつくってきたか」 西岡常一；宮上茂隆著；穂積和夫イラスト 草思社 2010年3月【学習支援本】

「さがしてみようくらしの中のエコ 5 (環境ラベルをみつけよう)」 内田かずひろ絵；水谷広監修 小峰書店 2010年4月【学習支援本】

「工事の車—大解説！のりもの図鑑DX；1」 小賀野実監修・写真 ポプラ社 2010年7月【学習支援本】

「江戸の町 上 (巨大都市の誕生) 新装版—日本人はどのように建造物をつくってきたか」 内藤昌著；穂積和夫イラストレーション 草思社 2010年10月【学習支援本】

「建築の仕事につきたい！：大切にしたい、日本のものづくりの心—教えて、先輩！私の職業シリーズ；1」 広瀬みずき著 中経出版 2011年2月【学習支援本】

「くらべてみよう！はたらくじどう車 3 (ブルドーザー・パワーショベル)」 市瀬義雄監修・写真 金の星社 2011年3月【学習支援本】

「高校生から始めるJw_cad建築製図入門—Jw_cadシリーズ；6」 櫻井良明著 エクスナレッジ 2011年3月【学習支援本】

「おひとりハウス―くうねるところにすむところ:家を伝える本シリーズ;26」 篠原聡子著
平凡社　2011年6月【学習支援本】

「高校生から始めるJw_cad建築プレゼン入門―エクスナレッジムック. Jw_cadシリーズ;
8」 櫻井良明著　エクスナレッジ　2011年8月【学習支援本】

「フジモリ式建築入門」 藤森照信著　筑摩書房(ちくまプリマー新書)　2011年9月【学習支援本】

「見学しよう工事現場1(タワー)」 溝渕利明監修　ほるぷ出版　2011年10月【学習支援本】

「浅草のうち―くうねるところにすむところ:家を伝える本シリーズ;27」 乾久美子著　平凡社　2011年10月【学習支援本】

「見学しよう工事現場2(トンネル)」 溝渕利明監修　ほるぷ出版　2011年11月【学習支援本】

「日本(にっぽん)のもと = Nippon no Moto 技術」 山根一眞監修　講談社　2011年11月【学習支援本】

「見学しよう工事現場3(ダム)」 溝渕利明監修　ほるぷ出版　2011年12月【学習支援本】

「彩りの家 = House of Colours―くうねるところにすむところ:家を伝える本シリーズ;28」
八島正年;八島夕子著　平凡社　2011年12月【学習支援本】

「桂離宮:日本建築の美しさの秘密 新装版―日本人はどのように建造物をつくってきたか」
斎藤英俊著;穂積和夫イラストレーション　草思社　2012年1月【学習支援本】

「建築バカボンド 増補―よりみちパン!セ;P030」 岡村泰之著　イースト・プレス　2012年1月【学習支援本】

「見学しよう工事現場4(橋)」 溝渕利明監修　ほるぷ出版　2012年1月【学習支援本】

「図解東京スカイツリーのしくみ」 NHK出版編　NHK出版　2012年1月【学習支援本】

「トンネルをほる」 ライアン・アン・ハンター文;エドワード・ミラー絵;青山南訳　ほるぷ出版　2012年2月【学習支援本】

「元気がでる日本人100人のことば1」 晴山陽一監修　ポプラ社　2012年3月【学習支援本】

「図解絵本東京スカイツリー:東京スカイツリー公認」 モリナガ・ヨウ作・絵　ポプラ社
2012年3月【学習支援本】

「知ろう!防ごう!自然災害1(地震・津波・火山噴火) 増補改訂版」 佐藤隆雄監修　岩崎書店　2012年3月【学習支援本】

「東京スカイツリーのすべて100:東京スカイツリー公認―講談社のアルバムシリーズ. のりものアルバム(新);23」 オフィス303文・構成　講談社　2012年3月【学習支援本】

「東京スカイツリーの秘密―世の中への扉」 瀧井宏臣著　講談社　2012年4月【学習支援本】

「ぐんぐんのびる!東京スカイツリー断面図と大パノラマ―講談社の創作絵本」 青山邦彦絵
講談社　2012年5月【学習支援本】

「トラフの小さな都市計画 = TORAFU's Small City Planning―くうねるところにすむところ:

1 建築や工事、建物にかかわる仕事

家を伝える本シリーズ ; 29」 鈴野浩一著 ; 禿真哉著　平凡社　2012年5月【学習支援本】

「東京スカイツリーとソラカラちゃんのひみつ―キャラクター超ひゃっか」　東武タワースカイツリー株式会社監修　小学館　2012年5月【学習支援本】

「東京スカイツリーハンドブック = Tokyo Skytree Handbook : おどろきと感動の634メートル : 東京スカイツリー公認」　東武鉄道株式会社監修 ; 東武タワースカイツリー株式会社監修 ; 東武タウンソラマチ株式会社監修 ; 平凡社編集部編　平凡社　2012年5月【学習支援本】

「サンシャイン水族館リニューアル大作戦―このプロジェクトを追え!」　深光富士男文　佼成出版社　2012年8月【学習支援本】

「マンガ東京スカイツリーのすべて : 東京スカイツリー公認―KCDX ; 3296」　とだ勝之マンガ　講談社　2012年8月【学習支援本】

「東京スカイツリー : 世界一のひみつ」　小林弘利作　角川書店（角川つばさ文庫）　2012年8月【学習支援本】

「北京 = Beijing : 中軸線上につくられたまち」　于大武作 ; 文妹訳　ポプラ社　2012年9月【学習支援本】

「ガウディ : ポップアップで味わう不思議な世界―しかけえほん」　アントニ・ガウディ建築 ; コートネイ・ワトソン・マッカーシー紙工作 ; 木村高子訳　大日本絵画　2012年10月【学習支援本】

「ミッドタウン・タワー超高層ビル248mへの道―このプロジェクトを追え!」　深光富士男文　佼成出版社　2012年10月【学習支援本】

「見学しよう工事現場 5 (線路)」　溝渕利明監修　ほるぷ出版　2012年10月【学習支援本】

「見学しよう工事現場 6」　溝渕利明監修　ほるぷ出版　2012年11月【学習支援本】

「科学感動物語 11」　学研教育出版編集　学研教育出版　2013年2月【学習支援本】

「見学しよう工事現場 7 (道路)」　溝渕利明監修　ほるぷ出版　2013年2月【学習支援本】

「見学しよう工事現場 8 (公園)」　溝渕利明監修　ほるぷ出版　2013年3月【学習支援本】

「坂茂の家の作り方 = How to make Houses―くうねるところにすむところ : 家を伝える本シリーズ ; 30」　坂茂著　平凡社　2013年3月【学習支援本】

「世界を変えた建物 : 子どもに教えたい大人にも知ってほしい : From Mud Huts to Skyscrapers」　クリスティーネ・パクスマン著 ; アンネ・イベリングス挿絵 ; 鈴木咲子監修　エクスナレッジ　2013年3月【学習支援本】

「美術館ってどんなところ?」　フロランス・デュカトー文 ; シャンタル・ペタン絵 ; 青柳正規日本語版監修 ; 野坂悦子訳　西村書店東京出版編集部　2013年7月【学習支援本】

「けんちくワークブック = Workbook of Architecture―くうねるところにすむところ : 家を伝える本シリーズ ; 31」　西沢立衛著　平凡社　2013年8月【学習支援本】

「ピラミッドの建て方 = How to build a Pyramid―「もしも?」の図鑑」　中川武監修 ; 柏木裕之著 ; 米澤貴紀著 ; 伏見唯著　実業之日本社　2013年8月【学習支援本】

「はたらく車のしくみ・はたらき・できるまで 3 (工事の車)」　こどもくらぶ編・著　岩崎書店　2013年12月【学習支援本】

「ふたつの国の物語：土木のおはなし」 小川総一郎作・絵 理工図書 2014年2月【学習支援本】

「家の理―くうねるところにすむところ：家を伝える本シリーズ；33」 難波和彦著 平凡社 2014年2月【学習支援本】

「世界にほこる日本の先端科学技術 2（災害予知はどこまで可能?)」 法政大学自然科学センター監修;こどもくらぶ編 岩崎書店 2014年3月【学習支援本】

「日本の木でつくるスケルトンドミノの家 = SKELETON DOMINO HOUSE making from Japanese woods―くうねるところにすむところ：家を伝える本シリーズ；34」 黒川哲郎著 平凡社 2014年5月【学習支援本】

「町家えほん―たのしいちしきえほん」 山口珠瑛作・絵;松井薫監修 PHP研究所 2014年7月【学習支援本】

「京都千二百年 上 (平安京から町衆の都市へ) 新装版―日本人はどのように建造物をつくってきたか」 西川幸治著;高橋徹著;穂積和夫イラストレーション 草思社 2014年8月【学習支援本】

「やねのいえ = Roof House―くうねるところにすむところ：家を伝える本シリーズ；35」 てづかたかはる著;てづかゆい著 平凡社 2014年9月【学習支援本】

「巨大古墳：前方後円墳の謎を解く 新装版―日本人はどのように建造物をつくってきたか」 森浩一著;穂積和夫イラストレーション 草思社 2014年11月【学習支援本】

「みんなでパッシブハウスをたてよう!」 マティーナ・ファイラー著;アレクサンドラ・フランケル著;マティーナ・ファイラーイラストレーション;もりみわ訳 いしずえ 2014年12月【学習支援本】

「東京駅をつくった男：日本の近代建築を切り開いた辰野金吾」 大塚菜生著 くもん出版 2014年12月【学習支援本】

「大きな写真と絵でみる地下のひみつ 3 (街に広がる地下の世界)」 土木学会地下空間研究委員会監修;こどもくらぶ編 あすなろ書房 2015年1月【学習支援本】

「神社ってどんなところ?」 平藤喜久子著 筑摩書房(ちくまプリマー新書) 2015年2月【学習支援本】

「リビングデザイン」 後藤久ほか著 実教出版 2015年3月【学習支援本】

「はたらく自動車100点 最新版―講談社のアルバムシリーズ. のりものアルバム〈新〉；9」 フォト・リサーチほか写真 講談社 2015年4月【学習支援本】

「再発見!くらしのなかの伝統文化 3 (住まいと日本人)」 市川寛明監修 ポプラ社 2015年4月【学習支援本】

「色のまなび事典 2 (色のふしぎ)」 茂木一司編集;手塚千尋編集;夏目奈央子イラスト・デザイン 星の環会 2015年6月【学習支援本】

「現場で働く人たち：現場写真がいっぱい 1」 こどもくらぶ編・著 あすなろ書房 2015年8月【学習支援本】

「どうろこうじのくるま―まえとうしろどんなくるま?；1」 こわせもりやす作 偕成社

1 建築や工事、建物にかかわる仕事

2015年9月【学習支援本】

「木と日本人 1 (材木-丸太と板)」 ゆのきようこ監修・文;長谷川哲雄樹木画 理論社
2015年9月【学習支援本】

「木と日本人 2 (樹皮と枝・つる)」 ゆのきようこ監修・文;長谷川哲雄樹木画 理論社
2015年12月【学習支援本】

「いえができるまで―しぜんにタッチ!」 砺波周平取材・構成・写真 ひさかたチャイルド
2016年1月【学習支援本】

「こうじ車りょう―よみきかせのりものしゃしんえほん；5」 五味零著;市瀬義雄著 岩崎
書店 2016年1月【学習支援本】

「図解絵本工事現場」 モリナガヨウ作・絵;溝渕利明監修 ポプラ社 2016年3月【学習支
援本】

「シュヴァル＝THE IDEAL PALACE OF FERDINAND CHEVAL,POSTMAN：夢の宮殿
をたてた郵便配達夫―たくさんのふしぎ傑作集」 岡谷公二文;山根秀信絵 福音館書店
2016年4月【学習支援本】

「高校生と考える世界とつながる生き方：桐光学園大学訪問授業」 桐光学園中学校・高等
学校編 左右社 2016年4月【学習支援本】

「いろんなこうじのくるま：親子で楽しめるワンポイントガイド付き―スーパーのりものシ
リーズ」 交通新聞サービス写真 交通新聞社 2016年5月【学習支援本】

「中心のある家」 阿部勤著 復刊ドットコム 2016年6月【学習支援本】

「夢のお仕事さがし大図鑑：名作マンガで「すき!」を見つける 3」 夢のお仕事さがし大図鑑
編集委員会編 日本図書センター 2016年9月【学習支援本】

「透視絵図鑑なかみのしくみ 大きな建物」 こどもくらぶ編さん 六耀社 2017年1月【学習
支援本】

「わかる!取り組む!災害と防災 1」 帝国書院編集部編集 帝国書院 2017年2月【学習支援
本】

「日本一小さな農業高校の学校づくり：愛農高校、校舎たてかえ顛末記」 品田茂著 岩波
書店（岩波ジュニア新書） 2017年4月【学習支援本】

「建築という対話：僕はこうして家をつくる」 光嶋裕介著 筑摩書房（ちくまプリマー新書）
2017年5月【学習支援本】

「都市の下をのぞいてみれば…―Rikuyosha Children & YA Books.絵本図鑑：その下はど
うなっているの?」 エスター・ポーター文;アンドレス・ロザノ絵 六耀社 2017年6月【学
習支援本】

「科学について知っておくべき100のこと―インフォグラフィックスで学ぶ楽しいサイエン
ス」 アレックス・フリス文;ミナ・レイシー文;ジェローム・マーティン文;ジョナサン・メル
モス文;フェデリコ・マリアーニイラスト;ホルヘ・マルティンイラスト;竹内薫訳・監修 小
学館 2017年7月【学習支援本】

「工事の車―こども絵本エルライン；6」 小賀野実写真・文 JTBパブリッシング 2017年

8月【学習支援本】

「高校生から始めるJw_cad製図超入門」 櫻井良明著 エクスナレッジ 2017年8月【学習支援本】

「はたらくまち：lonely planet Kids」 ジェームズ・ガリバー・ハンコックえとぶん;たかさとひろやく;ジル・スティレットかんしゅう 河出書房新社 2017年9月【学習支援本】

「レゴレシピいろんな建物：BUILDING40種!」 ケビン・ホール著;石井光子訳 玄光社 2017年11月【学習支援本】

「空間デザイナー = SPACE DESIGNER：時代をつくるデザイナーになりたい!!—Rikuyosha Children & YA Books」 スタジオ248編著 六耀社 2017年12月【学習支援本】

「高校生から始めるJw_cad建築製図入門」 櫻井良明著 エクスナレッジ 2017年12月【学習支援本】

「トンネルのひみつ—学研まんがでよくわかるシリーズ；136」 田川滋漫画;YHB編集企画構成 学研プラス次世代教育創造事業部学びソリューション事業室 2018年3月【学習支援本】

「イラスト図解:世界の巨大建造物」 デビッド・マコーレイ著；BabelCorporation訳出協力 六耀社（Rikuyosha Children & YA Books） 2018年4月【学習支援本】

「はたらくくるまとまちをつくろう!：うごかすえほん」 野口武作;福島康子絵;高垣智彦デザイン まる出版 2018年4月【学習支援本】

「キッチンのひみつ—学研まんがでよくわかるシリーズ；142」 宮原美香まんが;オフィス・イディオム構成 学研プラス 2018年8月【学習支援本】

「どんどんめくってはっけん!こうじげんばのひみつ」 ロブ・ロイド・ジョーンズ文;ステファノ・トネッティ絵;三浦茂子訳 学研プラス 2018年8月【学習支援本】

「工具のひみつ—学研まんがでよくわかるシリーズ；140」 水木繁まんが;YHB編集企画構成 学研プラス 2018年9月【学習支援本】

「小林一三：阪急と宝塚をつくった事業家」 柴田こずえ構成・文;伊井春樹監修;青山友美絵 岩崎書店（調べる学習百科） 2018年11月【学習支援本】

「だんだんできてくる：まちたんけんにゴー!：おなじところから工事げんばを見つめてみた 2」 鹿島建設株式会社監修 フレーベル館 2020年2月【学習支援本】

「だんだんできてくる：まちたんけんにゴー!：おなじところから工事げんばを見つめてみた 3」 鹿島建設株式会社監修 フレーベル館 2020年2月【学習支援本】

「タテ割り日本史 3」 講談社編 講談社 2020年3月【学習支援本】

「だんだんできてくる：まちたんけんにゴー!：おなじところから工事げんばを見つめてみた 4」 鹿島建設株式会社監修 フレーベル館 2020年3月【学習支援本】

「建設機械提案サービスのひみつ—学研まんがでよくわかるシリーズ；169」 あさだみほまんが;ウェルテ構成 学研プラス 2020年3月【学習支援本】

「調べて、書こう!教科書に出てくる仕事のくふう、見つけたよ 3」 『仕事のくふう、見つけたよ』編集委員会編著 汐文社 2020年3月【学習支援本】

1 建築や工事、建物にかかわる仕事

「超高層ビルのサバイバル：生き残り作戦 1―かがくるBOOK. 科学漫画サバイバルシリーズ」 ポップコーン・ストーリー文;韓賢東絵;HANA韓国語教育研究会訳　朝日新聞出版　2020年12月【学習支援本】

「世界の歴史 4―角川まんが学習シリーズ」 羽田正監修　KADOKAWA　2021年2月【学習支援本】

「超高層ビルのサバイバル：生き残り作戦 2―かがくるBOOK. 科学漫画サバイバルシリーズ」 ポップコーン・ストーリー文;韓賢東絵;HANA韓国語教育研究会訳　朝日新聞出版　2021年2月【学習支援本】

「びわ湖疏水探究紀行 工事の様子編 1」 琵琶湖疏水アカデミー編集　琵琶湖疏水アカデミー　2021年3月【学習支援本】

「職場体験完全ガイド 72」 ポプラ社　2021年4月【学習支援本】

「まちのナニコレ?図鑑―キッズペディア」 小学館編集　小学館　2021年9月【学習支援本】

▶ お仕事の様子をお話で読むには

「日本庭園を楽しむ絵本」 大野八生作　あすなろ書房　2021年3月【絵本】

「がんばれ!はたらくくるま―とびだすえほん」 さくらいひろししかけ;はるなゆきのりえ　永岡書店　2021年5月【絵本】

「日本の城200：図解と写真でよくわかる!―講談社ポケット百科シリーズ」 藪内成基写真・文;小和田哲男監修　講談社　2021年7月【絵本】

「こうじしてますこつこつこーん―視覚デザインのえほん」 視覚デザイン研究所さく;くにすえたくしえ　視覚デザイン研究所　2021年8月【絵本】

「ヘンたて：幹館大学ヘンな建物研究会」 青柳碧人著　早川書房(ハヤカワ文庫 JA)　2012年6月【ライトノベル・ライト文芸】

「ヘンたて 2 (サンタクロースは煙突を使わない)」 青柳碧人著　早川書房(ハヤカワ文庫 JA)　2013年2月【ライトノベル・ライト文芸】

「真実は間取り図の中に：半間建築社の欠陥ファイル」 皆藤黒助著　KADOKAWA(角川文庫)　2018年9月【ライトノベル・ライト文芸】

「田舎暮らし始めました。：シェアハウス住人募集家賃0円」 中山茂大著　LINE(LINE文庫)　2019年11月【ライトノベル・ライト文芸】

「名探偵はハウスメーカーにいる：家づくりは今日も謎だらけ」 宮嶋貴以著　KADOKAWA(メディアワークス文庫)　2020年1月【ライトノベル・ライト文芸】

「水際(みぎわ)のメメント：きたまち建築事務所のリフォームカルテ」 和久井清水著　講談社(講談社文庫)　2020年9月【ライトノベル・ライト文芸】

「蕎麦、食べていけ!」 江上剛著　光文社(光文社文庫)　2021年1月【ライトノベル・ライト文芸】

2

製造や手仕事にかかわる仕事

2 製造や手仕事にかかわる仕事

食品加工、食品製造

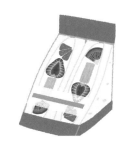

スーパーやコンビニで売られている食品を作る仕事です。例えば、おにぎりやパン、お菓子、ジュースなどを工場で大量に生産します。材料の計量や混ぜ合わせ、形を整える作業は機械を使うこともありますが、人の手で仕上げることもあります。食品を作るときは、安全でおいしいものを提供するために、衛生管理や品質管理をしっかり行うことがとても大切です。例えば、食品が傷まないように温度管理をしたり、異物が混入しないようにチェックしたりします。私たちが安心して食事を楽しめるのは、食品加工・食品製造の仕事のおかげです。

▶お仕事について詳しく知るには

「インスタントラーメンのひみつ 新版―学研まんがでよくわかるシリーズ；48」 望月恭子構成；田中久志漫画 学研パブリッシングコミュニケーションビジネス事業室 2010年1月【学習支援本】

「食べものはかせになろう！1 (豆からつくる食べもの)」 石谷孝佑監修 ポプラ社 2010年3月【学習支援本】

「食べものはかせになろう！2 (米・麦からつくる食べもの)」 石谷孝佑監修 ポプラ社 2010年3月【学習支援本】

「食べものはかせになろう！3 (牛乳・肉・たまごからつくる食べもの)」 石谷孝佑監修 ポプラ社 2010年3月【学習支援本】

「食べものはかせになろう！4 (魚・海そうからつくる食べもの)」 石谷孝佑監修 ポプラ社 2010年3月【学習支援本】

「食べものはかせになろう！5 (野菜・くだものからつくる食べもの)」 石谷孝佑監修 ポプラ社 2010年3月【学習支援本】

「すがたをかえるたべものしゃしんえほん 3 (かまぼこができるまで)」 宮崎祥子構成・文；白松清之写真 岩崎書店 2014年2月【学習支援本】

「企業内職人図鑑：私たちがつくっています。3 (食の周辺で)」 こどもくらぶ編 同友館 2014年2月【学習支援本】

「企業内職人図鑑：私たちがつくっています。6 (伝統食品)」 こどもくらぶ編 同友館

2015年2月【学習支援本】

「すがたをかえる食べもの 1 (大豆がへんしん!)」 香西みどり監修 学研プラス 2016年2月【学習支援本】

「すがたをかえる食べもの 2 (米がへんしん!)」 香西みどり監修 学研プラス 2016年2月【学習支援本】

「すがたをかえる食べもの 3 (麦がへんしん!)」 香西みどり監修 学研プラス 2016年2月【学習支援本】

「すがたをかえる食べもの 4 (牛乳がへんしん!)」 香西みどり監修 学研プラス 2016年2月【学習支援本】

「すがたをかえる食べもの 5 (とうもろこしがへんしん!)」 香西みどり監修 学研プラス 2016年2月【学習支援本】

「すがたをかえる食べもの 6 (いもがへんしん!)」 香西みどり監修 学研プラス 2016年2月【学習支援本】

「すがたをかえるたべものしゃしんえほん 13」 宮崎祥子構成・文；白松清之写真 岩崎書店 2017年3月【学習支援本】

「すがたをかえるたべものしゃしんえほん 14」 宮崎祥子構成・文；白松清之写真 岩崎書店 2017年3月【学習支援本】

「企業内職人図鑑：私たちがつくっています。 15」 こどもくらぶ編 同友館 2018年2月【学習支援本】

「あまさけのひみつ―学研まんがでよくわかるシリーズ；139」 おだぎみをまんが；望月恭子構成 学研プラス 2018年8月【学習支援本】

2 製造や手仕事にかかわる仕事

自動車製造

車のエンジンや車体を作り、それらを組み立てて一台の車を完成させる仕事です。自動車工場では、何千もの部品を組み合わせて作業を進めます。ロボットが部品を取り付けることもありますが、人の手で細かい部品を調整したり、動作をチェックしたりすることもとても重要です。例えば、ブレーキがきちんと作動するか、エンジンがスムーズに動くかなどを確認します。さらに、最近では環境にやさしい電気自動車や、水素で走る車など、新しい技術を使った車の開発も進んでいます。

▶お仕事の様子をお話で読むには

「電気自動車:「燃やさない文明」への大転換」 村沢義久著 筑摩書房(ちくまプリマー新書) 2010年2月【学習支援本】

「ファッション建築ITのしごと:人気の職業早わかり!」 PHP研究所編 PHP研究所 2011年2月【学習支援本】

「実践!体験!みんなでストップ温暖化 4 (地域と家庭で!地球を守るエコ活動)」 住明正監修 学研教育出版 2011年2月【学習支援本】

「Q&A式自転車完全マスター 3」 こどもくらぶ企画・編集・著 ベースボール・マガジン社 2012年9月【学習支援本】

「トヨタ自動車―見学!日本の大企業」 こどもくらぶ編さん ほるぷ出版 2012年9月【学習支援本】

「見てみよう!挑戦してみよう!社会科見学・体験学習 2 (工場・テレビ局・金融機関)」 国土社編集部編 国土社 2013年2月【学習支援本】

「ブリヂストン―見学!日本の大企業」 こどもくらぶ編さん ほるぷ出版 2013年3月【学習支援本】

「社会科見学に役立つわたしたちのくらしとまちのしごと場 3」 ニシ工芸児童教育研究所編 金の星社 2013年3月【学習支援本】

「時代を切り開いた世界の10人:レジェンドストーリー 9」 髙木まさき監修 学研教育出版 2014年2月【学習支援本】

「はたらく車のしくみ・はたらき・できるまで 2 (けいさつの車・きんきゅうの車)」 こども くらぶ編・著 岩崎書店 2014年3月【学習支援本】

「ビジュアル・日本の製品シェア図鑑 3」 こどもくらぶ編 WAVE出版 2014年3月【学習 支援本】

「データと地図で見る日本の産業 4」 日本貿易会監修 ポプラ社 2014年4月【学習支援 本】

「本田宗一郎:ものづくり日本を世界に示した技術屋魂:技術者・実業家・ホンダ創業者〈日 本〉―ちくま評伝シリーズ〈ポルトレ〉」 筑摩書房編集部著 筑摩書房 2014年9月【学習支 援本】

「ホンダ―見学!日本の大企業」 こどもくらぶ編さん ほるぷ出版 2014年10月【学習支援 本】

「イラストと地図からみつける!日本の産業・自然 第3巻 (自動車工業・鉄鋼業・化学工業・ 食品工業)」 青山邦彦絵 帝国書院 2015年2月【学習支援本】

「小学生からの知っておきたい「お金」のすべて 5」 荻原博子監修 文溪堂 2015年3月【学 習支援本】

「日本の自動車工業:生産・環境・福祉 1 (日本の自動車の生産としくみ)」 鎌田実監修 岩 崎書店 2015年3月【学習支援本】

「日本の自動車工業:生産・環境・福祉 2 (世界とつながる自動車)」 鎌田実監修 岩崎書 店 2015年3月【学習支援本】

「日本の自動車工業:生産・環境・福祉 3 (命を守る安全技術)」 鎌田実監修 岩崎書店 2015年3月【学習支援本】

「日本の自動車工業:生産・環境・福祉 4 (環境にやさしい自動車づくり)」 鎌田実監修 岩崎書店 2015年3月【学習支援本】

「日本の自動車工業:生産・環境・福祉 5 (福祉車両とバリアフリー)」 鎌田実監修 岩崎 書店 2015年3月【学習支援本】

「はたらく自動車100点 最新版―講談社のアルバムシリーズ. のりものアルバム〈新〉; 9」 フォト・リサーチほか写真 講談社 2015年4月【学習支援本】

「自動車まるごと図鑑:電気自動車燃料電池車次世代エコカーを徹底比較!―もっと知りた い!図鑑」 黒川文子監修 ポプラ社 2015年4月【学習支援本】

「新やさしいこうさく 11 (あきカンでつくろう!)」 竹井史郎作 小峰書店 2015年4月【学 習支援本】

「工場で働く人たち:しごとの現場としくみがわかる!―しごと場見学!」 松井大助著 ぺり かん社 2015年7月【学習支援本】

「世界がおどろいた!のりものテクノロジー自動車の進化」 トム・ジャクソン文;市川克彦監 修 ほるぷ出版 2016年1月【学習支援本】

「写真とデータでわかる日本の貿易 2」 日本貿易会監修;オフィス303編 汐文社 2016年 3月【学習支援本】

2 製造や手仕事にかかわる仕事

「豊田喜一郎：自動車づくりにかけた情熱―伝記を読もう；2」　山口理文;黒須高嶺画　あかね書房　2016年3月【学習支援本】

「はたらくじどう車：しごととつくり 6」　小峰書店編集部編　小峰書店　2016年4月【学習支援本】

「職場体験完全ガイド 49」　ポプラ社　2016年4月【学習支援本】

「ベンツと自動車―世界の伝記科学のパイオニア」　ダグ・ナイ作;吉井知代子訳　玉川大学出版部　2016年5月【学習支援本】

「未来のクルマができるまで：世界初、水素で走る燃料電池自動車MIRAI」　岩貞るみこ作　講談社　2016年6月【学習支援本】

「ぶつからないクルマのひみつ―学研まんがでよくわかるシリーズ；123」　山口育孝漫画;橘悠紀構成　学研プラスメディアビジネス部コンテンツ営業室　2016年12月【学習支援本】

「ボンネットの下をのぞいてみれば…―Rikuyosha Children & YA Books. 絵本図鑑：その下はどうなっているの?」　エスター・ポーター文;アンドレス・ロザノ絵　六耀社　2017年7月【学習支援本】

「黄門さまの社会科クイズ 6」　早川明夫監修;国土社編集部編集　国土社　2018年3月【学習支援本】

「NHKプロフェッショナル仕事の流儀 1」　NHK「プロフェッショナル」制作班編　ポプラ社　2018年4月【学習支援本】

「はたらく車ずかん 4」　スタジオタッククリエイティブ　2018年5月【学習支援本】

「ブリタニカ科学まんが図鑑ロボット：未知の世界を冒険しよう!―ナツメ社科学まんが図鑑シリーズ」　ボンボンストーリー文;ジョンユンチェ絵;古田貴之監修　ナツメ社　2018年9月【学習支援本】

「だんめんず」　加古里子ぶん・え　福音館書店　2018年10月【学習支援本】

「レジェンドカーずかん：伝説の車が200台以上大集合!」　小堀和則監修　成美堂出版　2019年5月【学習支援本】

「ジャングルジムをつくろう!」　三浦太郎作　ほるぷ出版　2020年6月【学習支援本】

「アルミ鋳物のひみつ」　山口育孝まんが；YHB編集企画構成　学研プラス（学研まんがでよくわかるシリーズ）　2020年12月【学習支援本】

「新・日本のすがた = Japan by Region 2―帝国書院地理シリーズ」　帝国書院編集部編集　帝国書院　2021年3月【学習支援本】

「自動車のひみつ = The secrets of motor vehicle―キッズペディアアドバンスなぞ解きビジュアル百科」　廣田幸嗣監修　小学館　2021年10月【学習支援本】

鉄道車両製造

電車や新幹線などの車両を作る仕事です。電車は多くの人が利用するため、安全で丈夫に作ることがとても大切です。車両のボディを作る人、

電気設備を取り付ける人、座席や内装を整える人など、多くの専門職の人たちが協力して組み立てます。また、乗り心地を良くするための工夫や、電気を無駄なく使うための技術も進んでいます。最近では、環境にやさしい電車を作ることも重要な課題となっています。鉄道車両製造は、安全で快適な移動を支える、大切な仕事です。

▶お仕事について詳しく知るには

「日本一周!鉄道大百科:国内全路線図付き」 山﨑友也監修 成美堂出版 2012年11月【学習支援本】

「社会科見学に役立つわたしたちのくらしとまちのしごと場3」 ニシエ芸児童教育研究所編 金の星社 2013年3月【学習支援本】

「世界にほこる日本の町工場 : メイド・イン・ジャパン3(乗り物の安全をささえる町工場)」 日本の町工場シリーズ編集委員会著 文溪堂 2014年3月【学習支援本】

「新幹線大百科 : 決定版 第4巻 (新幹線ではたらく人びと)」 坂正博監修 岩崎書店 2015年1月【学習支援本】

「鉄道の仕事まるごとガイドーぷち鉄ブックス」 村上悠太写真・文 交通新聞社 2017年2月【学習支援本】

「でんしゃのつくりかた : こうじょうけんがくにいってみよう!―でんしゃのひみつ」 溝口イタルえ;こどものほん編集部文 交通新聞社 2021年2月【学習支援本】

2 製造や手仕事にかかわる仕事

スポーツ用品製造

野球のバットやサッカーボール、テニスラケットなど、スポーツに使う道具を作る仕事です。選手が使いやすいように、素材や形状を工夫して作ります。例えば、バットの重さやラケットの反発性などは、競技のパフォーマンスに影響するため、細かい調整が必要です。プロの選手が使う特別な道具を作ることもあり、高い技術が求められます。また、安全に使えるように強度のテストを行ったり、環境にやさしい材料を使ったりすることも大切です。スポーツを楽しむ人々を支える重要な仕事です。

▶お仕事について詳しく知るには

「瞬足パーフェクトブック―小学館スポーツスペシャル」 小学館 2010年3月【学習支援本】

「小さくても大きな日本の会社力3 (調べよう！ものづくりにこだわる会社)」 こどもくらぶ編;坂本光司監修 同友館 2010年12月【学習支援本】

「スポーツクラブのひみつ―学研まんがでよくわかるシリーズ;88」 鳥飼規世漫画;橘悠紀構成 学研パブリッシングコミュニケーションビジネス事業室 2013年8月【学習支援本】

「てくてくたったか！くつ 第2版―どうやってできるの？：ものづくり絵本シリーズ;5」 中島妙ぶん;ゆーちみえこえ;ムーンスター月星大学院監修 チャイルド本社 2013年8月【学習支援本】

「企業内職人図鑑：私たちがつくっています。1 (スポーツ用品)」 こどもくらぶ編 同友館 2013年10月【学習支援本】

「世界にほこる日本の町工場：メイド・イン・ジャパン1 (スポーツをささえる町工場)」 日本の町工場シリーズ編集委員会著 文溪堂 2014年3月【学習支援本】

「ナイキ―知っているようで知らない会社の物語」 アダム・サザーランド原著 彩流社 2015年1月【学習支援本】

「調べよう！考えよう！選手をささえる人たち4」 大熊廣明監修;中嶋舞子著 ベースボール・マガジン社 2015年3月【学習支援本】

「スポーツナビゲーターのひみつ 新装版―学研まんがでよくわかるシリーズ;97」 宮原美香漫画;オフィス・イディオム構成 学研パブリッシンググローバルCB事業室 2015年7月

46

【学習支援本】

「アシックス―見学!日本の大企業」 こどもくらぶ編さん ほるぷ出版 2016年1月【学習支援本】

「〈10秒00の壁〉を破れ!：陸上男子100m：若きアスリートたちの挑戦―世の中への扉」 高野祐太著 講談社 2016年2月【学習支援本】

「見たい!知りたい!たくさんの仕事 2」 こどもくらぶ編 WAVE出版 2016年3月【学習支援本】

「オリンピック・パラリンピック大百科 4」 日本オリンピック・アカデミー監修 小峰書店 2016年4月【学習支援本】

「キャリア教育に活きる!仕事ファイル：センパイに聞く 15」 小峰書店編集部編著 小峰書店 2019年4月【学習支援本】

「大接近!スポーツものづくり 1」 高山リョウ構成・文 岩崎書店 2020年2月【学習支援本】

「大接近!スポーツものづくり 2」 高山リョウ構成・文 岩崎書店 2020年2月【学習支援本】

「大接近!スポーツものづくり 3」 高山リョウ構成・文 岩崎書店 2020年2月【学習支援本】

「大接近!スポーツものづくり 4」 高山リョウ構成・文 岩崎書店 2020年2月【学習支援本】

「大接近!スポーツものづくり 5」 高山リョウ構成・文 岩崎書店 2020年2月【学習支援本】

「大接近!スポーツものづくり 6」 高山リョウ構成・文 岩崎書店 2020年2月【学習支援本】

「オリンピックをささえるスポーツ・テクノロジー 3」 スポーツデザイン研究所編著 汐文社 2020年3月【学習支援本】

2 製造や手仕事にかかわる仕事

電子機器製造

スマートフォンやパソコン、テレビなどを作る仕事です。工場では、小さな電子部品を組み立てたり、電子回路を作ったりして、機械が正しく動くように調整します。最近では、より軽くて性能の良い製品を作るための技術が進んでいます。電子機器は細かい部品が多いため、正確に作業をすることや集中力がとても大切です。スマートフォンやパソコンは私たちの生活に欠かせないものなので、電子機器製造の仕事はとても重要です。

> ▶お仕事について詳しく知るには
> 「ポプラディアプラス仕事・職業 = POPLAR ENCYCLOPEDIA PLUS Career Guide. 1」
> ポプラ社　2018年4月【学習支援本】

半導体製造

コンピュータやスマートフォン、テレビなどの電子機器に使われる「半導体」を作る仕事です。半導体は、電気をコントロールするとても大切な部品で、これがなければ電子機器は動きません。半導体はとても小さく、細かい作業が多いため、特別な機械を使って作ります。少しの汚れやズレでも品質が落ちるため、高い集中力と正確な作業が求められます。半導体は、私たちの身の回りのほとんどの電子機器に使われているため、半導体製造の仕事はとても重要で、私たちの生活を支えています。

> ▶お仕事について詳しく知るには
> 「ビジュアル・日本の製品シェア図鑑2」　こどもくらぶ編　WAVE出版　2014年3月【学習支援本】

金属加工

鉄やアルミなどの金属を切ったり削ったりして、機械の部品や建物の材料を作る仕事です。金属はとても硬いため、専用の機械を使って加工します。例えば、自動車のエンジンの部品や、ビルを支える鉄骨、新幹線の車体なども金属加工によって作られます。

ミリ単位の正確さが求められることもあり、細かく慎重な作業が必要です。また、金属の種類によって加工の方法が異なるため、材料の特徴をよく理解して作業を行います。金属加工は、建築や工業製品の製造など、さまざまな分野で使われており、私たちの生活を支える重要な仕事です。

> ▶ お仕事について詳しく知るには
>
> 「しごとば 東京スカイツリー―しごとばシリーズ；4」 鈴木のりたけ作　ブロンズ新社　2012年4月【学習支援本】
>
> 「工場の底力1(職人の手わざ)」 こどもくらぶ編　かもがわ出版　2012年9月【学習支援本】
>
> 「職場体験完全ガイド44」 ポプラ社　2015年4月【学習支援本】
>
> 「企業内職人図鑑：私たちがつくっています。8 (建築・木工)」 こどもくらぶ編　同友館　2016年1月【学習支援本】
>
> 「企業内職人図鑑：私たちがつくっています。10」 こどもくらぶ編　同友館　2016年10月【学習支援本】
>
> 「キャリア教育支援ガイドお仕事ナビ15」 お仕事ナビ編集室著　理論社　2018年1月【学習支援本】
>
> 「宇宙に関わる仕事：宇宙飛行士 プラネタリウム製作者 金属加工職人 天文学者」 お仕事ナビ編集室著　理論社　2018年1月【学習支援本】

2 製造や手仕事にかかわる仕事

旋盤工
せんばんこう

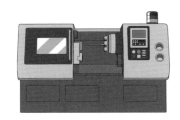

「旋盤」という機械を使って、金属や木を削り、部品を作る仕事です。旋盤は、材料を回転させながら少しずつ削ることで、丸みのある正確な形に仕上げることができます。例えば、自動車や電車の部品、工場で使われる機械の部品など、さまざまなものを作ります。とても細かい作業が多く、ミリ単位の正確さが求められるため、高度な技術が必要です。経験を積むことで、より精密で丈夫な部品を作れるようになります。旋盤工の仕事は、ものづくりの基盤を支える大切な仕事で、私たちの暮らしにも大きくかかわっています。

> ▶ お仕事について詳しく知るには
>
> 「ファッション建築ITのしごと：人気の職業早わかり！」　PHP研究所編　PHP研究所　2011年2月【学習支援本】
>
> 「町工場のものづくり：生きて、働いて、考える―ちしきのもり」　小関智弘著　少年写真新聞社　2014年2月【学習支援本】
>
> 「ポプラディアプラス仕事・職業 = POPLAR ENCYCLOPEDIA PLUS Career Guide. 1」ポプラ社　2018年4月【学習支援本】

整備士
せいびし

車やバイク、飛行機などの乗り物を点検し、故障を直す仕事です。エンジンやタイヤ、ブレーキなどの状態をチェックし、安全に動くように修理します。乗り物が安心して使えるようにするためには、専門的な知識と高い技術が必要です。また、定期的なメンテナンスをすることで、故障を防ぎ、長く使えるようにすることも大切です。整備士の仕事のおかげで、私たちは毎日安全に乗り物を使うことができます。

▶ お仕事について詳しく知るには

「駅で働く人たち：しごとの現場としくみがわかる！—しごと場見学！」 浅野恵子著　ぺりかん社　2010年1月【学習支援本】

「新13歳のハローワーク」 村上龍著；はまのゆか絵　幻冬舎　2010年3月【学習支援本】

「ファッション建築ITのしごと：人気の職業早わかり！」 PHP研究所編　PHP研究所　2011年2月【学習支援本】

「成田国際空港フライト準備OK！—このプロジェクトを追え！」 深光富士男文　佼成出版社　2012年9月【学習支援本】

「港で働く人たち：しごとの現場としくみがわかる！—しごと場見学！」 大浦佳代著　ぺりかん社　2013年1月【学習支援本】

「空港で働く人たち：しごとの現場としくみがわかる！—しごと場見学！」 中村正人著　ぺりかん社　2013年3月【学習支援本】

「東京メトロ大都会をめぐる地下鉄—このプロジェクトを追え！」 深光富士男文　佼成出版社　2013年10月【学習支援本】

「新幹線大百科：決定版 第4巻（新幹線ではたらく人びと）」 坂正博監修　岩崎書店　2015年1月【学習支援本】

2 製造や手仕事にかかわる仕事

「さがしてみよう!まちのしごと 1（交通のしごと）」 饗庭伸監修 小峰書店 2015年4月【学習支援本】

「自動車整備士になるには―なるにはBOOKS；25」 広田民郎著 ぺりかん社 2015年8月【学習支援本】

「キャリア教育支援ガイドお仕事ナビ 9」 お仕事ナビ編集室著 理論社 2016年1月【学習支援本】

「飛行機に関わる仕事：パイロット 航空管制官 航空整備士 客室乗務員 理論社 2016年1月【学習支援本】

「見たい!知りたい!たくさんの仕事 4」 こどもくらぶ編 WAVE出版 2016年3月【学習支援本】

「職場体験完全ガイド 49」 ポプラ社編集 ポプラ社 2016年4月【学習支援本】

「航空会社図鑑：未来をつくる仕事がここにある」 日本航空監修;青山邦彦絵;日経BPコンサルティング編集 日経BPコンサルティング 2016年12月【学習支援本】

「鉄道の仕事まるごとガイド―ぷち鉄ブックス」 村上悠太写真・文 交通新聞社 2017年2月【学習支援本】

「10代のための仕事図鑑 = The career guide for teenagers：未来の入り口に立つ君へ」 大泉書店編集部編 大泉書店 2017年4月【学習支援本】

「ときめきハッピーおしごと事典スペシャル―キラかわ★ガール」 おしごとガール研究会著 ナツメ社 2017年12月【学習支援本】

「ポプラディアプラス仕事・職業 = POPLAR ENCYCLOPEDIA PLUS Career Guide 1」 藤田晃之監修 ポプラ社 2018年4月【学習支援本】

「こどもしごと絵じてん」 畠山重篤著；スギヤマカナヨ絵 三省堂 2018年5月【学習支援本】

「こどもしごと絵じてん 小型版」 三省堂編修所編 三省堂 2018年9月【学習支援本】

「キャリア教育支援ガイドお仕事ナビ 18」 お仕事ナビ編集室著 理論社 2018年12月【学習支援本】

「鉄道のひみつ図鑑」 スタジオタッククリエイティブ編集 スタジオタッククリエイティブ 2019年12月【学習支援本】

「調べてまとめる!仕事のくふう 5」 岡田博元監修 ポプラ社 2020年4月【学習支援本】

「でんしゃ：おおきなしゃしんでよくわかる!―はじめてのずかん」 山﨑友也監修 高橋書店 2021年11月【学習支援本】

▶ お仕事の様子をお話で読むには

「みんなをのせてバスのうんてんしさん―講談社の創作絵本.よみきかせお仕事えほん」 山本省三作；はせがわかこ絵 講談社 2013年6月【絵本】

「トーマスのおはなしミニ絵本 4（シマシマのゴードン）―きかんしゃトーマスとなかまたち

ポプラ社　2014年11月【絵本】
「みんながらばー!はしれはまかぜ」　村中李衣文;しろぺこり絵　新日本出版社　2016年1月【絵本】
「トーマスとドタバタせいびこうじょう―THOMAS & FRIENDS. トーマスの新テレビえほん;3」　ウィルバート・オードリー原作　ポプラ社　2016年6月【絵本】
「ちいさなひこうきのたび―かがくのとも絵本」　みねおみつさく　福音館書店　2019年8月【絵本】
「もりのきでんしゃゆうきをもって」　ナカオマサトシさく;はやしともみえ　みらいパブリッシング　2020年2月【絵本】

※整備士のより具体的な職業『鉄道車両整備士』『自動車整備士』『自転車整備士』は『お仕事さくいん　宇宙や乗りものにかかわるお仕事』で紹介しています。

検査工

工場で作られた製品に傷や不良がないかを調べる仕事です。例えば、スマートフォンの画面に傷がないか、自動車の部品が正しく作られているかなどを確認します。検査は目で見て行うこともありますが、内部までしっかり調べるために、特別な機械を使うこともあります。もし問題が見つかった場合は、原因を調べ、工場の製造工程を改善することも大切な仕事です。検査工がしっかりチェックすることで、安全で品質の良い製品が作られ、私たちは安心して使うことができます。製品の品質を守るために欠かせない、大切な仕事です。

2 製造や手仕事にかかわる仕事

品質管理

工場で作られた製品が決められた基準を満たしているかをチェックする仕事です。例えば、自動車の部品が正しく動くか、食品に異物が入っていないかなどを調べます。もし問題が見つかった場合は、その原因を調べ、再び同じミスが起こらないように対策を考えます。品質管理がしっかりしていないと、壊れやすい製品や安全でない商品が世の中に出てしまうことになります。そのため、細かい部分までしっかり確認し、高い基準を守ることが大切です。品質管理の仕事は、安全で信頼できる製品を作るために欠かせない、重要な役割を担っています。

▶お仕事について詳しく知るには

「探検!ものづくりと仕事人. マヨネーズ・ケチャップ・しょうゆ」 山中伊知郎著 ぺりかん社 2012年8月【学習支援本】

「探検!ものづくりと仕事人：「これが好き!」と思ったら、読む本. リップクリーム・デオドラントスプレー・化粧水」 津留有希著 ぺりかん社 2013年8月【学習支援本】

「企業内職人図鑑：私たちがつくっています。6 (伝統食品)」 こどもくらぶ編 同友館 2015年2月【学習支援本】

「ときめきハッピーおしごと事典スペシャル─キラかわ★ガール」 おしごとガール研究会著 ナツメ社 2017年12月【学習支援本】

「化学のしごと図鑑：きみの未来をさがしてみよう」 近畿化学協会編 化学同人 2019年3月【学習支援本】

「職場体験完全ガイド 61 (会社員編)」 ポプラ社 2019年4月【学習支援本】

「職場体験完全ガイド 65 (会社員編)」 ポプラ社 2019年4月【学習支援本】

生産管理

工場でのものづくりをスムーズに進めるために、材料の手配や作業スケジュールを管理する仕事です。例えば、自動車を作る工場では、必要な部品が足りなくならないように在庫をチェックし、効率よく組み立てができるように調整します。また、作業の順番や時間を決め、無駄なく製品が作られるように計画を立てることも大切です。もしトラブルが起きたときには、その原因を調べ、改善策を考える役割もあります。生産管理の仕事がしっかりしていることで、工場全体がスムーズに動き、質の高い製品を安定して作ることができます。

▶お仕事について詳しく知るには

「会社のしごと：会社の中にはどんな職種があるのかな？2」 松井大助著　ぺりかん社　2012年5月【学習支援本】

「会社のしごと：会社の中にはどんな職種があるのかな？5」 松井大助著　ぺりかん社　2013年12月【学習支援本】

「工場で働く人たち：しごとの現場としくみがわかる！―しごと場見学！」 松井大助著　ぺりかん社　2015年7月【学習支援本】

「ポプラディアプラス仕事・職業 = POPLAR ENCYCLOPEDIA PLUS Career Guide. 3」 ポプラ社　2018年4月【学習支援本】

2 製造や手仕事にかかわる仕事

玩具製作

子どもたちが遊ぶおもちゃを作る仕事です。プラスチックや木などの材料を使い、楽しく安全に遊べるように工夫しながら作ります。おもちゃを作るには、まずデザインを考え、形や色を決めます。その後、工場でパーツを作り、組み立てたり塗装したりして完成させます。また、小さな子どもが使っても危なくないように、角を丸くしたり、壊れにくいように頑丈にしたりすることも大切です。さらに、安全基準を守っているかをしっかりチェックすることで、安心して遊べるおもちゃが作られます。子どもたちの笑顔を作る、大切な仕事です。

▶ お仕事について詳しく知るには

「会社のしごと：会社の中にはどんな職種があるのかな？2」 松井大助著　ぺりかん社　2012年5月【学習支援本】

「任天堂―見学!日本の大企業」 アダム・サザーランド原著；こどもくらぶ編さん　ほるぷ出版　2012年11月【学習支援本】

「ユニバーサルデザインとバリアフリーの図鑑」 徳田克己監修　ポプラ社　2013年4月【学習支援本】

「バンダイ―見学!日本の大企業」 こどもくらぶ編さん　ほるぷ出版　2015年11月【学習支援本】

「ポプラディアプラス仕事・職業 = POPLAR ENCYCLOPEDIA PLUS Career Guide. 1」 ポプラ社　2018年4月【学習支援本】

製造、ものづくり

自動車や食品、電子機器など、さまざまな製品を作る仕事です。工場では、材料を加工する人、部品を組み立てる人、製品を検査する人など、それぞれの役割を持つ人たちが協力して作業を行います。安全に作業を進めることが大切で、品質の良い製品を作るために細かいチェックも必要です。また、より便利で使いやすいものを作るために、新しい技術を取り入れることもあります。私たちが普段使っているものは、多くの人の手によって作られています。ものづくりの仕事は、私たちの生活を支える大切な役割を持っています。

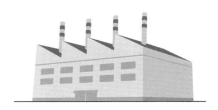

▶ お仕事について詳しく知るには

「勝利のラケット―記録への挑戦；4」　井山夏生著　ポプラ社　2010年1月【学習支援本】

「情報を整理する新聞術―学び力アップ道場；2」　岸尾祐二監修　フレーベル館　2010年1月【学習支援本】

「もったいない!感謝して食べよう―こども食育ずかん」　山本茂監修　少年写真新聞社　2010年2月【学習支援本】

「調べてみよう!日本の職人伝統のワザ5(「日用品」の職人)　学研教育出版　2011年2月【学習支援本】

「和太鼓をはじめよう! 第3巻 (いろいろな打ち方に挑戦)」　西川啓光著　汐文社　2011年3月【学習支援本】

「できるまで大図鑑」　荒賀賢二絵;小石新八監修　東京書籍　2011年8月【学習支援本】

「日本の鉄道技術―世界にはばたく日本力」　秋山芳弘著;こどもくらぶ編さん　ほるぷ出版　2011年9月【学習支援本】

「いのちのヴァイオリン：森からの贈り物―ポプラ社ノンフィクション；13」　中澤宗幸著　ポプラ社　2012年12月【学習支援本】

2 製造や手仕事にかかわる仕事

「ころんで起きてウッチリクブサー：琉球張り子の明日へ」　田平としお著　国土社　2013年7月【学習支援本】

「世界にひとつのキッチン：家族みんなの笑顔が生まれるまで―工場/おしごと絵本」　青山邦彦作画　河出書房新社　2014年9月【学習支援本】

「子どもに伝えたい和の技術 2（和紙）」　和の技術を知る会著　文溪堂　2015年3月【学習支援本】

「食品添加物キャラクター図鑑：気になるあの成分のホントがよくわかる!」　左巻健男監修；いとうみつるイラスト　日本図書センター　2015年10月【学習支援本】

「見たい!知りたい!たくさんの仕事 3」　こどもくらぶ編　WAVE出版　2016年3月【学習支援本】

「映画は楽しい表現ツール：創造力、表現力、コミュニケーション力! 3」　昼間行雄著　偕成社　2016年4月【学習支援本】

「お米のこれからを考える 4」　「お米のこれからを考える」編集室著　理論社　2018年10月【学習支援本】

「キャリア教育支援ガイドお仕事ナビ 20」　お仕事ナビ編集室著　理論社　2019年3月【学習支援本】

「ミイラ学：エジプトのミイラ職人の秘密」　タマラ・バウワー著・絵；こどもくらぶ訳・編　今人舎　2019年8月【学習支援本】

「えんぴつ：イチは、いのちのはじまり―イチからつくる」　杉谷龍一編；河本徹朗絵　農山漁村文化協会　2020年2月【学習支援本】

「あったらいいな、こんな車いす」　斎藤多加子著　汐文社（楽しく知ろうバリアフリーからだをたすける道具）　2020年3月【学習支援本】

「おもしろ"紙学"紙の未来とわたしたちの生活：エコ 紙はやさしいんだ!環境を守ってくれる」　小六信和著；中村文人著　くもん出版　2020年3月【学習支援本】

「おもしろ"紙学"紙の未来とわたしたちの生活：防災 紙は強いんだ!わたしたちを守ってくれる」　小六信和著；中村文人著　くもん出版　2020年3月【学習支援本】

「調べて、書こう!教科書に出てくる仕事のくふう、見つけたよ 3」　『仕事のくふう、見つけたよ』編集委員会編著　汐文社　2020年3月【学習支援本】

「値段がわかれば社会がわかる：はじめての経済学」　徳田賢二著　筑摩書房（ちくまプリマー新書）　2021年2月【学習支援本】

▶ お仕事の様子をお話で読むには

「ふしぎなボタン」　ミルヤ・オルヴォラ文；サッラ・サヴォライネン絵；稲垣美晴訳　猫の言葉社　2010年9月【児童文学】

「カタナなでしこ」　榊一郎著　講談社（講談社タイガ）　2016年1月【ライトノベル・ライト文芸】

「政と源」 三浦しをん著　集英社(集英社オレンジ文庫)　2017年6月【ライトノベル・ライト文芸】

「小暮さんちのおいしいカタチ：今日からパパが主夫になります」 新樫樹著　KADOKAWA(富士見L文庫)　2018年12月【ライトノベル・ライト文芸】

「額装師の祈り：奥野夏樹のデザインノート」 谷瑞恵著　新潮社(新潮文庫. nex)　2020年12月【ライトノベル・ライト文芸】

「不思議な現象解決します：会津・二瓶漆器店」 広野未沙著　光文社(光文社文庫. 光文社キャラクター文庫)　2021年3月【ライトノベル・ライト文芸】

「将棋であった泣ける話：5分で読める12編のアンソロジー」 桔梗楓著；水城正太郎著；矢凪著；溝口智子著；田井ノエル著；萩鵜アキ著；日野裕太郎著；澤ノ倉クナリ著；朝来みゆか著；編乃肌著；猫屋ちゃき著；井上尚樹著　マイナビ出版(ファン文庫TearS)　2021年9月【ライトノベル・ライト文芸】

「ひび割れから漏れる = Leaks from Cracks」 道具小路著　ドワンゴ(25)　2021年12月【ライトノベル・ライト文芸】

製造業一般

▶ お仕事について詳しく知るには

「さがしてみようくらしの中のエコ 5 (環境ラベルをみつけよう)」 内田かずひろ絵;水谷広監修　小峰書店　2010年4月【学習支援本】

「工場見学!家にあるもの：身近なものができるまで」 中村智彦監修　PHP研究所　2013年1月【学習支援本】

「工場見学!学校にあるもの：身近なものができるまで」 中村智彦監修　PHP研究所　2013年2月【学習支援本】

「工場見学!町で見かけるもの：身近なものができるまで」 中村智彦監修　PHP研究所　2013年2月【学習支援本】

「きれいにふける?トイレットペーパー 第2版—ものづくり絵本シリーズ：どうやってできるの?；7」 中島妙ぶん;pogoえ;中須賀朗監修　チャイルド本社　2013年10月【学習支援本】

「なぜ?どうして?仕事のお話：楽しくわかる!：将来を考えるきっかけになる!」 池田書店編集部編　池田書店　2013年12月【学習支援本】

「ビジュアル・日本の製品シェア図鑑 1」 こどもくらぶ編　WAVE出版　2014年3月【学習支援本】

2 製造や手仕事にかかわる仕事

「ビジュアル・日本の製品シェア図鑑 2」 こどもくらぶ編 WAVE出版 2014年3月【学習支援本】

「ビジュアル・日本の製品シェア図鑑 3」 こどもくらぶ編 WAVE出版 2014年3月【学習支援本】

「ビジュアル・日本の製品シェア図鑑 4」 こどもくらぶ編 WAVE出版 2014年3月【学習支援本】

「世界にほこる日本の町工場：メイド・イン・ジャパン 3 (乗り物の安全をささえる町工場)」日本の町工場シリーズ編集委員会著 文溪堂 2014年3月【学習支援本】

「帝人一見学!日本の大企業」 こどもくらぶ編さん ほるぷ出版 2015年1月【学習支援本】

「企業内職人図鑑：私たちがつくっています。9 (機械・金属加工)」 こどもくらぶ編 同友館 2016年1月【学習支援本】

「自然の材料と昔の道具 3」 深光富士男著 さ・え・ら書房 2016年4月【学習支援本】

「その町工場から世界へ：世界の人々の生活に役立つ日本製品―世界のあちこちでニッポン」 『その町工場から世界へ』編集室編 理論社 2017年1月【学習支援本】

「大接近!工場見学 1」 高山リョウ構成・文 岩崎書店 2017年2月【学習支援本】

「大接近!工場見学 2」 高山リョウ構成・文 岩崎書店 2017年2月【学習支援本】

「大接近!工場見学 3」 高山リョウ構成・文 岩崎書店 2017年3月【学習支援本】

「大接近!工場見学 4」 高山リョウ構成・文 岩崎書店 2017年3月【学習支援本】

「大接近!工場見学 5」 高山リョウ構成・文 岩崎書店 2017年3月【学習支援本】

「あの町工場から世界へ：世界の人々の生活に役立つ日本製品―世界のあちこちでニッポン」 『あの町工場から世界へ』編集室編 理論社 2017年9月【学習支援本】

「調べる!47都道府県工業生産で見る日本」 こどもくらぶ編 同友館 2018年8月【学習支援本】

「この町工場から世界へ：世界の人々の生活に役立つ日本製品」 『この町工場から世界へ』編集室編 理論社 (世界のあちこちでニッポン) 2018年10月【学習支援本】

「日本の産業大事典：日本標準産業分類を網羅したあらゆる業種がわかる1冊!」 藤田晃之監修 あかね書房 2019年1月【学習支援本】

「職場体験完全ガイド 61 (会社員編) ポプラ社 2019年4月【学習支援本】

「鉄のひみつ―学研まんがでよくわかるシリーズ；155」 水木繁まんが;YHB編集企画構成 学研プラス 2019年4月【学習支援本】

「はじまりはひとつのアイデアから 2」 ローウィ・バンディ・シコル著;C・S・ジェニングス絵;永瀬比奈訳 鈴木出版 2020年12月【学習支援本】

石工、瓦職人

石工は、石を削って墓石や建物の装飾を作る職人です。昔からお寺や神社の建築にもかかわり、細かい彫刻を施す技術を持っています。頑丈で美しい石細工を作るために、石の種類を見極め、ていねいに加工します。瓦職人は、屋根に使う瓦を作ったり、並べたりする職人です。屋根を雨や風から守るために、一枚一枚ていねいに瓦を配置し、しっかりと固定して丈夫な屋根を作ります。どちらの仕事も、日本の伝統的な建築を支える大切な役割を担っています。長く残る建物を作るために、高い技術と経験が必要な仕事です。

▶ お仕事の様子をお話で読むには

「石の神―福音館創作童話シリーズ」 田中彩子著；一色画　福音館書店　2014年4月【児童文学】

「かわらのひみつ」 あおのこるりぶん・え　あおのこるり　2021年【児童文学】

「φの方石：白幽堂魔石奇譚」 新田周右著　KADOKAWA（メディアワークス文庫）　2015年2月【ライトノベル・ライト文芸】

「φの方石２（あかつき講堂魔石奇譚）」 新田周右著　KADOKAWA（メディアワークス文庫）　2015年11月【ライトノベル・ライト文芸】

「φの方石３」 新田周右著　KADOKAWA（メディアワークス文庫）　2016年5月【ライトノベル・ライト文芸】

2 製造や手仕事にかかわる仕事

家具職人

木や金属を使って椅子やテーブル、収納家具などを作る仕事です。お店で売る家具を大量に作ることもあれば、お客様の希望に合わせたオーダーメイドの家具を作ることもあります。家具は毎日使うものなので、デザインだけでなく、使いやすさや丈夫さを考えながら作ることが大切です。また、古くなった家具を修理したり、新しい形に作り直したりする「リメイク」の技術も求められます。長く使える家具を作るためには、細かい技術と職人のこだわりが必要です。

▶お仕事について詳しく知るには

「新13歳のハローワーク」 村上龍著 ; はまのゆか絵　幻冬舎　2010年3月【学習支援本】

「ファッション建築ITのしごと：人気の職業早わかり！」　PHP研究所編　PHP研究所　2011年2月【学習支援本】

「めざせ!世界にはばたく若き職人 3」　こどもくらぶ編　WAVE出版　2015年3月【学習支援本】

「未来のお仕事入門 = MANGA FUTURE CAREER PRIMER―学研まんが入門シリーズ」東園子 まんが　学研教育出版 学研マーケティング（発売）　2015年8月【学習支援本】

「キャリア教育に活きる!仕事ファイル：センパイに聞く 10」　小峰書店編集部編著　小峰書店　2016年1月【学習支援本】

「ポプラディアプラス仕事・職業 = POPLAR ENCYCLOPEDIA PLUS Career Guide. 1」ポプラ社　2018年4月【学習支援本】

「夢をそだてるみんなの仕事300：野球選手/花屋 サッカー選手 医師/警察官 研究者/消防士 パティシエ 新幹線運転士 パイロット 美容師/モデル ユーチューバー アニメ監督 宇宙飛行士ほか」　講談社　2018年11月【学習支援本】

▶お仕事の様子をお話で読むには

「赤い1人がけソファの話」　すみだはなな著　文芸社　2016年5月【児童文学】

「悲しみの谷」　大塚静正著　創英社/三省堂書店　2020年7月【児童文学】

「君が今夜もごはんを食べますように」　山本瑤著　集英社(集英社オレンジ文庫)　2019年

> 11月【ライトノベル・ライト文芸】
> 「椅子職人ヴィクトール&杏の怪奇録 2」 糸森環著　新書館（新書館ウィングス文庫 , WINGS NOVEL） 2020年2月【ライトノベル・ライト文芸】

ジュエリー職人、宝飾職人

指輪やネックレス、ブレスレットなどのアクセサリーを作る仕事です。金や銀などの貴金属や、美しい宝石を使い、デザインを考えながら一つひとつ手作業で仕上げます。細かい彫刻を施したり、小さな宝石を正確にはめ込んだりするため、繊細な技術が必要です。
また、特別な記念日やプレゼントのために、お客様の希望に合わせたオーダーメイドのジュエリーを作ることもあります。ジュエリー職人の仕事は、ただ美しいアクセサリーを作るだけでなく、大切な思い出を形にする、やりがいのある仕事です。

> ▶ お仕事の様子をお話で読むには
> 「ただいま、ふたりの宝石箱」 あさばみゆき著　KADOKAWA（角川文庫） 2019年1月【ライトノベル・ライト文芸】

2 製造や手仕事にかかわる仕事

時計職人

腕時計や掛け時計を作ったり修理したりする仕事です。時計はとても小さくて細かい部品が集まってできており、正確に動かすためには精密な技術が必要です。特に、高級な機械式時計は、職人が一つひとつ手作業で組み立てます。また、長い間使われていた古い時計を修理し、再び動くようにすることも大切な仕事です。時計が正しく時間を刻むように、細かい調整やメンテナンスを行います。時計職人の技術によって、大事な時計が長く使えるようになります。たくさんの人々の大切な時間を支える、細かくていねいな作業が求められる仕事です。

▶ お仕事について詳しく知るには

「感動する仕事!泣ける仕事!：お仕事熱血ストーリー6（技を磨くこと、心を磨くこと）」 学研教育出版 学研マーケティング（発売） 2010年2月【学習支援本】

「ファッション建築ITのしごと：人気の職業早わかり!」 PHP研究所編 PHP研究所 2011年2月【学習支援本】

▶ お仕事の様子をお話で読むには

「大きな時計台小さな時計台」 川嶋康男作；ひだのかな代絵 絵本塾出版 2011年12月【絵本】

「幽霊探偵ハル. [3]」 田部智子作；木乃ひのき絵 KADOKAWA（角川つばさ文庫） 2016年11月【児童文学】

「レオナルドの扉 1」 真保裕一作；しゅー絵 KADOKAWA（角川つばさ文庫） 2017年11月【児童文学】

「ホテルやまのなか小学校の時間割―みちくさパレット」 小松原宏子作；亀岡亜希子絵 PHP研究所 2018年12月【児童文学】

64

陶芸家

粘土を使って茶碗やお皿、花瓶などの焼き物を作る仕事です。まず、ろくろや型を使って形を作り、乾かした後に窯で焼いて仕上げます。焼き方や使う土によって、さまざまな模様や質感が生まれます。日本には「瀬戸焼」や「有田焼」など、地域ごとに特徴のある伝統的な焼き物があります。

陶芸は手作業で行うため、同じデザインでも一つひとつ表情が違い、味わい深い作品になります。お皿などの日用品だけでなく、芸術作品として作られるものもあります。長い歴史と技術が受け継がれる、ものづくりの仕事です。

▶お仕事について詳しく知るには

「職場体験完全ガイド 12」 ポプラ社 2010年3月【学習支援本】

「調べてみよう!日本の職人伝統のワザ 2(「器」の職人)」 学研教育出版 2011年2月【学習支援本】

「企業内職人図鑑:私たちがつくっています。3(食の周辺で)」 こどもくらぶ編 同友館 2014年2月【学習支援本】

「職場体験学習に行ってきました。:中学生が本物の「仕事」をやってみた! 13」 全国中学校進路指導・キャリア教育連絡協議会監修 学研プラス 2016年2月【学習支援本】

「名探偵コナン推理ファイル九州地方の謎」 青山剛昌原作;阿部ゆたかまんが;丸伝次郎まんが;長谷川康男監修;平良隆久シナリオ 小学館(小学館学習まんがシリーズ. CONAN COMIC STUDY SERIES) 2018年12月【学習支援本】

「やきもの:おんた焼き◆大分県日田市―伝統工芸の名人に会いに行く;1」 瀬戸山玄文と写真 岩崎書店 2019年11月【学習支援本】

▶お仕事の様子をお話で読むには

「皿と紙ひこうき」 石井睦美著 講談社 2010年6月【児童文学】

「龍のすむ家グラッフェンのぼうけん」 クリス・ダレーシー著;三辺律子訳 竹書房

2 製造や手仕事にかかわる仕事

2011年3月【児童文学】

「つぼつくりのデイヴ」 レイバン・キャリック・ヒル文；ブライアン・コリアー絵；さくまゆみこ訳 光村教育図書 2012年1月【児童文学】

「美の奇人たち = The Great Eccentric of Art：森之宮芸大前アパートの攻防」 美奈川護著 KADOKAWA（メディアワークス文庫） 2017年8月【ライトノベル・ライト文芸】

「骨董探偵馬酔木泉の事件ファイル」 一色さゆり著 宝島社（宝島社文庫） 2018年8月【ライトノベル・ライト文芸】

「京都岡崎、月白さんとこ [2]」 相川真著 集英社（集英社オレンジ文庫） 2021年6月【ライトノベル・ライト文芸】

「炎舞館の殺人」 月原渉著 新潮社（新潮文庫. nex） 2021年8月【ライトノベル・ライト文芸】

研ぎ師

包丁やハサミなどの刃物を研いで、切れ味をよくする仕事です。料理人の包丁や美容師のハサミなど、さまざまな職業の人が使う大切な道具を整えます。刃物を研ぐには細かい技術が必要で、職人の手によって切れ味が戻り、新品のように生まれ変わります。使う道具や研ぎ方によって、刃の形や鋭さを調整することも大切です。研ぎ師の技術があるからこそ、料理や仕事がスムーズに進みます。毎日の生活や仕事を支える、大切な職人の仕事です。

▶ お仕事の様子をお話で読むには

「七まちの刃：堺庖丁ものがたり」 遠原嘉乃著 マイナビ出版（ファン文庫） 2019年1月【ライトノベル・ライト文芸】

染め職人、染色家

布や糸を染めて、美しい模様や色をつける仕事です。着物やのれん、風呂敷など、日本の伝統的な染物を作ることが多く、昔から受け継がれてきた技術が使われています。染め方には、藍染や友禅染などがあり、それぞれ違った色や模様が生まれます。手作業で染めるため、一つひとつの作品に個性があり、同じものは二つとありません。また、環境にやさしい天然の染料を使うこともあります。染め職人の技術によって、日本の伝統文化が守られ、美しい染物が作られ続けています。

▶ お仕事について詳しく知るには

「職場体験完全ガイド 12」 ポプラ社 2010年3月【学習支援本】

「ファッション建築ITのしごと：人気の職業早わかり！」 PHP研究所編 PHP研究所 2011年2月【学習支援本】

「外国人が教えてくれた！私が感動したニッポンの文化：子どもたちに伝えたい！仕事に学んだ日本の心．第2巻 (こんなに美しい・おいしいなんて！高みをめざす職人の巧み)」 ロバート キャンベル監修 日本図書センター 2015年1月【学習支援本】

「めざせ！世界にはばたく若き職人 2」 こどもくらぶ編 WAVE出版 2015年3月【学習支援本】

「早わかりOh！仕事」 日本出版制作センター 2018年6月【学習支援本】

▶ お仕事の様子をお話で読むには

「軽井沢花野荘スローライフ：貴方への手作りウエディング」 葵居ゆゆ著 KADOKAWA (富士見L文庫) 2018年11月【ライトノベル・ライト文芸】

2 製造や手仕事にかかわる仕事

人形職人

ひな人形やこけしなどの伝統的な人形を作る仕事です。木や布、紙などを使い、一つひとつ手作業で仕上げます。人形の顔の表情や着物のデザインはとても細かく、美しく作るために高い技術が必要です。ひな人形は、子どもの健やかな成長を願って飾られ、こけしは観光地のおみやげとしても人気があります。地域ごとに特色のある人形が作られ、昔から受け継がれてきた伝統技術が生かされています。職人の手によって生まれる人形は、一つひとつ違う表情や個性を持ち、多くの人に親しまれています。

▶お仕事について詳しく知るには

「ならんだならんだ!おひなさま 第2版―どうやってできるの？: ものづくり絵本シリーズ；12」 中島妙ぶん；奥村かよこえ；戸塚隆監修　チャイルド本社　2014年3月【学習支援本】

「人形＝DOLL」 是澤博昭著　文溪堂　2017年2月【学習支援本】

「企業内職人図鑑：私たちがつくっています。14」 こどもくらぶ編　同友館　2018年2月【学習支援本】

「ザ・裏方：キャリア教育に役立つ! 3」 フレーベル館　2019年3月【学習支援本】

▶お仕事の様子をお話で読むには

「切り株ものがたり―福音館創作童話シリーズ」 今井恭子作；吉本宗画　福音館書店　2013年5月【児童文学】

「たまさか人形堂物語」 津原泰水著　文藝春秋（文春文庫）　2011年8月【ライトノベル・ライト文芸】

「西洋人形(ビスクドール)は夢を見る：瑠璃色の事件手帖」 相良穎著　集英社（コバルト文庫）　2013年8月【ライトノベル・ライト文芸】

「お城のもとの七凪町：骨董屋事件帖」 櫛木理宇著　朝日新聞出版（朝日エアロ文庫）　2015年2月【ライトノベル・ライト文芸】

「たまさか人形堂それから」 津原泰水著　文藝春秋（文春文庫）　2016年2月【ライトノベル・ライト文芸】

「ドールハウスの人々」 二宮敦人著　TOブックス（TO文庫）　2020年2月【ライトノベル・ライト文芸】

花火師

夜空に打ち上げる花火を作り、美しいショーを演出する仕事です。花火の色や形、打ち上げるタイミングを計算し、音楽に合わせて打ち上げることもあります。花火を作るには、火薬を扱うための高度な技術と安全管理が必要で、長い経験を積んで技術を磨いていきます。日本の夏祭りやお正月、イベントなど

で花火が打ち上げられ、多くの人に感動を与えます。花火師は、伝統を守りながら新しい花火を生み出し、夜空を彩る特別な仕事です。

▶お仕事について詳しく知るには

「新13歳のハローワーク」 村上龍著；はまのゆか絵 幻冬舎 2010年3月【学習支援本】

「料理旅行スポーツのしごと：人気の職業早わかり！」 PHP研究所編 PHP研究所 2010年10月【学習支援本】

「仕事発見！生きること働くことを考える ＝ Think about Life & Work」 毎日新聞社著 毎日新聞社 2013年5月【学習支援本】

「しごとば. もっと―しごとばシリーズ；5」 鈴木のりたけ作 ブロンズ新社 2014年5月【学習支援本】

「めざせ！世界にはばたく若き職人 4」 こどもくらぶ編 WAVE出版 2015年3月【学習支援本】

「子どもに伝えたい和の技術 3（花火）」 和の技術を知る会著 文溪堂 2015年3月【学習支援本】

「夢のお仕事さがし大図鑑：名作マンガで「すき！」を見つける 4」 夢のお仕事さがし大図鑑編集委員会編 日本図書センター 2016年9月【学習支援本】

「ときめきハッピーおしごと事典スペシャル―キラかわ★ガール」 おしごとガール研究会著 ナツメ社 2017年12月【学習支援本】

「ポプラディアプラス仕事・職業 ＝ POPLAR ENCYCLOPEDIA PLUS Career Guide. 1」 ポプラ社 2018年4月【学習支援本】

「夢をそだてるみんなの仕事300：野球選手/花屋 サッカー選手 医師/警察官 研究者/消防士 パティシエ 新幹線運転士 パイロット 美容師/モデル ユーチューバー アニメ監督 宇宙飛行士ほか」 講談社 2018年11月【学習支援本】

69

2 製造や手仕事にかかわる仕事

「日本の伝統文化仕事図鑑 [2]」 ワン・ステップ編　金の星社　2019年2月【学習支援本】
「ザ・裏方：キャリア教育に役立つ! 3」 フレーベル館　2019年3月【学習支援本】
「仕事の歴史図鑑：今まで続いてきたひみつを探る 2」 本郷和人監修　くもん出版　2021年12月【学習支援本】

▶ お仕事の様子をお話で読むには

「空に咲く恋」 福田和代著　文藝春秋（文春文庫）　2020年7月【ライトノベル・ライト文芸】

衣類、鞄、帽子、靴職人

服やバッグ、帽子、靴などを作る仕事です。デザインを考えたり、生地や革を選んだりして、おしゃれで使いやすい製品を作ります。特に、革の靴やバッグを作るには、細かい縫い目や仕上げの技術が求められます。また、新しいものを作るだけでなく、壊れた靴やバッグを修理したり、お客様の希望に合わせて特別なデザインにカスタマイズしたりすることもあります。職人の手仕事によって、長く大切に使えるものが生まれます。私たちの暮らしを豊かにする、大切な仕事です。

▶ お仕事について詳しく知るには

「NHKプロフェッショナル仕事の流儀「技」を極める者たち：コミック版」　NHK「プロフェッショナル」制作班著；やまざきまこと；梶田昌義；如月次郎 漫画制作　イースト・プレス　2010年1月【学習支援本】
「新13歳のハローワーク」 村上龍著；はまのゆか絵　幻冬舎　2010年3月【学習支援本】
「ファッション建築ITのしごと：人気の職業早わかり!」 PHP研究所編　PHP研究所　2011年2月【学習支援本】
「調べてみよう!日本の職人伝統のワザ 3（「衣」の職人)」 学研教育出版　2011年2月【学習

支援本】

「仕事発見!生きること働くことを考える＝Think about Life & Work」　毎日新聞社著　毎日新聞社　2013年5月【学習支援本】

「企業内職人図鑑：私たちがつくっています。5（衣類・かばん)」　こどもくらぶ編　同友館　2015年1月【学習支援本】

「めざせ!世界にはばたく若き職人 2」　こどもくらぶ編　WAVE出版　2015年3月【学習支援本】

「ものづくりの仕事―漫画家たちが描いた仕事：プロフェッショナル」　大河原邁；えすとえむ；たなかじゅん；河本ひろし；松田奈緒子著　金の星社　2016年3月【学習支援本】

「日本の手仕事 [2]」　遠藤ケイ絵と文　汐文社　2017年10月【学習支援本】

▶ お仕事の様子をお話で読むには

「りりかさんのぬいぐるみ診療所：空色のルリエル―わくわくライブラリー」　かんのゆうこ作；北見葉胡絵　講談社　2021年11月【児童文学】

「不機嫌なコルドニエ：靴職人のオーダーメイド謎解き日誌」　成田名璃子著　幻冬舎（幻冬舎文庫）　2015年5月【ライトノベル・ライト文芸】

「骨董靴工房アッシェンプッテルの来客簿」　阿賀直己著　星海社（星海社FICTIONS)　2015年12月【ライトノベル・ライト文芸】

「旧暦屋、始めました」　春坂咲月著　早川書房（ハヤカワ文庫 JA)　2017年9月【ライトノベル・ライト文芸】

「革命テーラー」　川瀬七緒著　KADOKAWA（角川文庫)　2020年10月【ライトノベル・ライト文芸】

2 製造や手仕事にかかわる仕事

楽器職人

ピアノやギター、バイオリンなどの楽器を作る仕事です。楽器の音は、使う木材や作り方によって変わるため、材料選びや細かい調整がとても大切です。楽器を作るだけでなく、古くなった楽器を修理したり、音の調整をしたりする仕事もあります。演奏者が最高の音を出せるように、一つひとつていねいな手作業で仕上げます。楽器職人の技術によって、美しい音色が生まれ、多くの人が音楽を楽しむことができます。音の魅力を伝え、音楽を支える、重要な仕事です。

▶お仕事について詳しく知るには

「新13歳のハローワーク」 村上龍著；はまのゆか絵 幻冬舎 2010年3月【学習支援本】

「マスコミ芸能創作のしごと：人気の職業早わかり！」 PHP研究所編 PHP研究所 2011年6月【学習支援本】

「企業内職人図鑑：私たちがつくっています。2（楽器）」 こどもくらぶ編 同友館 2014年1月【学習支援本】

「めざせ！世界にはばたく若き職人 4」 こどもくらぶ編 WAVE出版 2015年3月【学習支援本】

「子どもに伝えたい和の技術 6」 和の技術を知る会著 文溪堂 2016年3月【学習支援本】

「日本の伝統文化仕事図鑑 [2]」 ワン・ステップ編 金の星社 2019年2月【学習支援本】

「弦楽器メンテナンス完全ガイド：美しい音色を奏でるためのお手入れのコツ50—コツがわかる本」 茅根健監修 メイツユニバーサルコンテンツ 2021年12月【学習支援本】

▶お仕事の様子をお話で読むには

「チェロの木」 いせひでこ [作] 偕成社 2013年3月【児童文学】

「リバーシブル・ラブ ＝ REVERSIBLE LOVE：初恋解離」 喜友名トト著 LINE（LINE文庫）2019年12月【ライトノベル・ライト文芸】

72

修復家、修理屋

壊れたものを直して、再び使えるようにする仕事です。例えば、家具や家電、楽器、車などを修理し、長く使えるようにします。修復家は特に、美術品や歴史的な建物など、貴重なものを元の状態に戻す専門家でもあります。修理の技術だけでなく、素材や構造をよく理解し、どのように直せば長持ちするかを考えることも大切です。大切なものを修理することで、人々の思い出や歴史を守る、大切な仕事です。

▶お仕事について詳しく知るには

「ぼくは恐竜造形家:夢を仕事に―イワサキ・ノンフィクション;15」 荒木一成著 岩崎書店 2010年2月【学習支援本】

「エコQ&A 100. 第4巻」 ポプラ社 2010年3月【学習支援本】

「新13歳のハローワーク」 村上龍著;はまのゆか絵 幻冬舎 2010年3月【学習支援本】

「時をこえる仏像:修復師の仕事」 飯泉太子宗著 筑摩書房(ちくまプリマー新書) 2011年12月【学習支援本】

「いのちのヴァイオリン:森からの贈り物」 中澤宗幸著 ポプラ社(ポプラ社ノンフィクション) 2012年12月【学習支援本】

「美術館ってどんなところ?」 フロランス・デュカトー 文;シャンタル・ペタン絵;青柳正規 日本語版監修;野坂悦子訳 西村書店東京出版編集部 2013年7月【学習支援本】

「思い出をレスキューせよ!:"記憶をつなぐ"被災地の紙本・書籍保存修復士」 堀米薫 文 くもん出版 2014年2月【学習支援本】

「商店街へGO! 4 (人に役立つ商店街)―社会科見学★ぼくらのまち探検」 鈴木出版編集部 商店街研究会編 鈴木出版 2014年3月【学習支援本】

「めざせ!世界にはばたく若き職人 4」 こどもくらぶ編 WAVE出版 2015年3月【学習支援本】

「10代のための仕事図鑑 = The career guide for teenagers:未来の入り口に立つ君へ」 大泉書店編集部編 大泉書店 2017年4月【学習支援本】

「ポプラディアプラス仕事・職業 = POPLAR ENCYCLOPEDIA PLUS Career Guide. 2」 ポプラ社 2018年4月【学習支援本】

「夢をそだてるみんなの仕事300:野球選手/花屋 サッカー選手 医師/警察官 研究者/消防士 パティシエ 新幹線運転士 パイロット 美容師/モデル ユーチューバー アニメ監督 宇宙飛行

2 製造や手仕事にかかわる仕事

士ほか」 講談社　2018年11月【学習支援本】

「SDGsぬまっち式アクション100.3」 沼田晶弘監修　鈴木出版　2019年12月【学習支援本】

「キャリア教育に活きる!仕事ファイル:センパイに聞く 23」 小峰書店編集部編著　小峰書店　2020年4月【学習支援本】

「美術館って、おもしろい!:展覧会のつくりかた、働く人たち、美術館の歴史、裏も表もすべてわかる本」 モラヴィア美術館著;阿部賢一;須藤輝彦訳　河出書房新社　2020年5月【学習支援本】

「弦楽器メンテナンス完全ガイド:美しい音色を奏でるためのお手入れのコツ50―コツがわかる本」 茅根健監修　メイツユニバーサルコンテンツ　2021年12月【学習支援本】

▶ お仕事の様子をお話で読むには

「うちはお人形の修理屋さん」 ヨナ・ゼルディス・マクドノー作;おびかゆうこ訳;杉浦さやか絵　徳間書店　2012年5月【児童文学】

「お人形屋さんに来たネコ」 ヨナ・ゼルディス・マクドノー作;おびかゆうこ訳;杉浦さやか絵　徳間書店　2013年5月【児童文学】

「よみがえる二百年前のピアノ」 佐和みずえ著　くもん出版　2014年9月【児童文学】

「魔女のふしぎな道具―魔女の本棚;21」 ルース・チュウ作;日当陽子訳;たんじあきこ絵　フレーベル館　2015年4月【児童文学】

「日がさ雨がさくもりがさ―おはなしのまど;4」 佐藤まどか作;ひがしちから絵　フレーベル館　2016年5月【児童文学】

「たまねぎとはちみつ」 瀧羽麻子作;今日マチ子絵　偕成社　2018年12月【児童文学】

「きらめくリボン」 長田真作著　共和国　2019年1月【児童文学】

「サエズリ図書館のワルツさん 2」 紅玉いづき著　星海社(星海社FICTIONS)　2013年8月【ライトノベル・ライト文芸】

「レストア:オルゴール修復師・雪永鋼の事件簿」 太田忠司著　光文社(光文社文庫)　2013年10月【ライトノベル・ライト文芸】

「神戸栄町アンティーク堂の修理屋さん」 竹村優希著　双葉社(双葉文庫)　2016年4月【ライトノベル・ライト文芸】

「神戸栄町アンティーク堂の修理屋さん 2」 竹村優希著　双葉社(双葉文庫)　2016年9月【ライトノベル・ライト文芸】

「死神憑きの浮世堂」 中村ふみ著　小学館(小学館文庫キャラブン!)　2018年6月【ライトノベル・ライト文芸】

「菜の花工房の書籍修復家:大切な本と想い出、修復します」 日野祐希著　宝島社(宝島社文庫)　2019年3月【ライトノベル・ライト文芸】

「コンサバター [2]」 一色さゆり [著]　幻冬舎(幻冬舎文庫)　2021年1月【ライトノベル・ライト文芸】

工房
こうぼう

職人がものづくりをする場所のことです。陶芸や木工、ガラス細工など、さまざまな種類の工房があり、職人が作業をしながら技術を磨いています。工房では、手作業でていねいに作品が作られ、作品にはそれぞれの職人のこだわりが詰まっています。中には、見学や体験ができる工房もあり、一般の人がものづくりを学ぶ場としても活用されています。工房は、伝統技術を守りながら、新しい作品を生み出す大切な場所です。

▶お仕事について詳しく知るには

「みんなのユニバーサルデザイン.3(町の人とつくるユニバーサルデザイン)」 川内美彦監修　学研教育出版　学研マーケティング(発売)　2013年2月【学習支援本】

「よみがえる二百年前のピアノ」　佐和みずえ著　くもん出版　2014年9月【学習支援本】

「企業内職人図鑑:私たちがつくっています。4(伝統工芸品)」　こどもくらぶ編　同友館　2014年10月【学習支援本】

「外国人が教えてくれた!私が感動したニッポンの文化:子どもたちに伝えたい!仕事に学んだ日本の心.第2巻(こんなに美しい・おいしいなんて!高みをめざす職人の巧み)」　ロバート キャンベル監修　日本図書センター　2015年1月【学習支援本】

「めざせ!世界にはばたく若き職人 4」　こどもくらぶ編　WAVE出版　2015年3月【学習支援本】

「職場体験学習に行ってきました。:中学生が本物の「仕事」をやってみた! 13」　全国中学校進路指導・キャリア教育連絡協議会監修　学研プラス　2016年2月【学習支援本】

「子どものためのニッポン手仕事図鑑」　大牧圭吾監修　オークラ出版　2017年9月【学習支援本】

▶お仕事の様子をお話で読むには

「五百津刺繍工房の日常」　溝口智子著　マイナビ出版(ファン文庫)　2020年7月【ライトノベル・ライト文芸】

「朝日堂オーダーメイド製本工房」　相原䔥著　KADOKAWA(メディアワークス文庫)　2021年2月【ライトノベル・ライト文芸】

76

3

開発、企画にかかわる仕事

3 開発、企画にかかわる仕事

エンジニア、技術者

科学や工学の知識を使って、新しい技術や製品を作る仕事です。例えば、自動車のエンジンを改良したり、ロボットを開発したりする人がいます。また、コンピュータやスマートフォンの新しい機能を考える技術者もいます。新しいアイデアを形にするために、実験や研究を重ねながら、より便利で安全なものを作ります。専門的な知識と創造力が必要で、未来の技術を支える大切な仕事です。

> ▶ お仕事について詳しく知るには
>
> 「仕事の図鑑：なりたい自分を見つける!. 11 (福祉と健康を支える仕事)」 「仕事の図鑑」編集委員会編　あかね書房　2010年3月【学習支援本】
>
> 「職場体験完全ガイド 13」　ポプラ社　2010年3月【学習支援本】
>
> 「職場体験完全ガイド 15」　ポプラ社　2010年3月【学習支援本】
>
> 「新13歳のハローワーク」　村上龍著；はまのゆか絵　幻冬舎　2010年3月【学習支援本】
>
> 「IT・コンピュータ・エンジニアの仕事につくには. 2011」　さんぽう編　さんぽう　星雲社 (発売)（つくにはbooks）　2010年9月【学習支援本】
>
> 「小さくても大きな日本の会社力 2 (見てみよう!小さな会社のすごい技術)」　こどもくらぶ編；坂本光司監修　同友館　2010年10月【学習支援本】
>
> 「大人になったら何になる?：大好きなことを仕事にした人たちからあなたへのメッセージ」 ジェシカ・ロイ著；矢谷雅子訳　バベルプレス　2010年10月【学習支援本】
>
> 「コンピュータ技術者になるには [2010年]―なるにはbooks；24」　宍戸周夫著　ぺりかん社　2010年11月【学習支援本】
>
> 「IT・コンピュータ・エンジニアの仕事につくには. 2012」　さんぽう編　さんぽう　星雲社 (発売)（つくにはbooks）　2011年9月【学習支援本】
>
> 「技術者という生き方―発見!しごと偉人伝」　上山明博著　ぺりかん社　2012年3月【学習支援本】
>
> 「会社のしごと：会社の中にはどんな職種があるのかな? 2」　松井大助著　ぺりかん社　2012年5月【学習支援本】

「IT・コンピュータ・エンジニアの仕事につくには. 2013」 さんぽう編 さんぽう 星雲社 (発売)（つくにはBOOKS） 2012年9月【学習支援本】

「会社のしごと：会社の中にはどんな職種があるのかな？4」 松井大助著 ぺりかん社 2013年5月【学習支援本】

「IT・コンピュータ・エンジニアの仕事につくには. 2014」 さんぽう編 さんぽう 星雲社 (発売)（つくにはBOOKS） 2013年9月【学習支援本】

「企業内職人図鑑：私たちがつくっています。1（スポーツ用品）」 こどもくらぶ編 同友館 2013年10月【学習支援本】

「未来をきりひらく！夢への挑戦者たち 3（学問・研究編）」 教育画劇 2014年4月【学習支援本】

「コミックエンジニア物語：未来を拓く高専のチカラ：高専受験のススメ」 国立高等専門学校機構マンガで伝える「エンジニアの姿」実施委員会編 平凡社 2014年6月【学習支援本】

「IT・コンピュータ・エンジニアの仕事につくには. 2015」 さんぽう編 さんぽう 星雲社 (発売)（つくにはBOOKS） 2014年9月【学習支援本】

「スピード勝負！夏の競技 1（車椅子バスケットボール・水泳ほか）―まるわかり！パラリンピック」 日本障がい者スポーツ協会監修 文研出版 2014年11月【学習支援本】

「「研究室」に行ってみた。」 川端裕人著 筑摩書房（ちくまプリマー新書） 2014年12月【学習支援本】

「職場体験完全ガイド 49」 ポプラ社 2016年4月【学習支援本】

「車いすはともだち」 城島充著 講談社（世の中への扉） 2017年3月【学習支援本】

「10代のための仕事図鑑 = The career guide for teenagers：未来の入り口に立つ君へ」 大泉書店編集部編 大泉書店 2017年4月【学習支援本】

「職場体験完全ガイド 55」 ポプラ社 2017年4月【学習支援本】

「キャリア教育支援ガイドお仕事ナビ 12」 お仕事ナビ編集室著 理論社 2017年10月【学習支援本】

「好きなモノから見つけるお仕事：キャリア教育にぴったり！1」 藤田晃之監修 学研プラス 2018年2月【学習支援本】

「ポプラディアプラス仕事・職業 = POPLAR ENCYCLOPEDIA PLUS Career Guide. 1」 ポプラ社 2018年4月【学習支援本】

「統計ってなんの役に立つの？：数・表・グラフを自在に使ってビッグデータ時代を生き抜く」 涌井良幸著 子供の科学編集部編 誠文堂新光社（子供の科学★ミライサイエンス） 2018年5月【学習支援本】

「工作でわかるモノのしくみ：AI時代を生きぬくモノづくりの創造力が育つ」 ニック・アーノルド著 ガリレオ工房監修 江原健訳 誠文堂新光社（子供の科学STEM体験ブック） 2018年8月【学習支援本】

「こどもしごと絵じてん」 三省堂編修所編 三省堂 2018年9月【学習支援本】

「夢をそだてるみんなの仕事300：野球選手/花屋 サッカー選手 医師/警察官 研究者/消防士

3 開発、企画にかかわる仕事

パティシエ 新幹線運転士 パイロット 美容師/モデル ユーチューバー アニメ監督 宇宙飛行士ほか」 講談社　2018年11月【学習支援本】

「つながる百科地球なんでも大図鑑」　DK社編；小寺敦子；瀧口和代；小島純子訳；大﨑章弘；榎戸三智子；貞光千春；里浩彰；本田隆行 日本語版科学分野監修　東京書籍　2018年12月【学習支援本】

「未来を変えるロボット図鑑」　ルーシー・ロジャーズ ほか監修；ローラ・ブラー ほか著；喜多直子訳　創元社　2019年9月【学習支援本】

「マンガで体験!人気の仕事―小学生のミカタ」　仕事の専門家18名監修；おおうちえいこマンガ　小学館　2019年12月【学習支援本】

「エンジニアになろう!：つくってわかるテクノロジーのしくみ―見たい、知りたい、ためしたい」　キャロル・ボーダマン監修；後藤真理子訳　化学同人　2020年2月【学習支援本】

「こども手に職図鑑：AIに取って代わられない仕事100：一生モノの職業が一目でわかるマップ付」　子供の科学と手に職図鑑編集委員会編　誠文堂新光社　2020年11月【学習支援本】

「キャリア教育に活きる!仕事ファイル：センパイに聞く 28」　小峰書店編集部編著　小峰書店　2021年4月【学習支援本】

「なぜ私たちは理系を選んだのか：未来につながる〈理〉のチカラ」　桝太一著　岩波書店（岩波ジュニアスタートブックス）　2021年5月【学習支援本】

「世界を舞台に輝く100人の女の子の物語―グッドナイトストーリーフォーレベルガールズ」　エレナ・ファヴィッリ文；芹澤恵；高里ひろ訳　河出書房新社　2021年8月【学習支援本】

▶ お仕事の様子をお話で読むには

「どうなってるの?エンジニアのものづくり：めくって楽しい81のしかけ」　ローズ・ホール文；リー・コスグローブ絵；福本友美子訳；大﨑章弘日本語版監修　ひさかたチャイルド　2021年6月【絵本】

製品開発

新しい商品を考え、試作し、改良を重ねて完成させる仕事です。例えば、新しいお菓子のレシピを作ったり、スマートフォンに便利な新機能を追加したりします。お客様に喜んでもらえる製品を作

るために、市場（マーケット）の調査を行い、どんなものが求められているかを考えることも大切です。また、他の技術者やデザイナーと協力しながら、より使いやすく、安全な製品を開発します。発想力と技術の両方が求められ、私たちの生活をより便利にし、わくわくさせる仕事です。

▶お仕事について詳しく知るには

「職場体験完全ガイド 15」 ポプラ社　2010年3月【学習支援本】

「ヒット商品研究所へようこそ！：「ガリガリ君」「瞬足」「青い鳥文庫」はこうして作られる―世の中への扉」 こうやまのりお著　講談社　2011年7月【学習支援本】

「あのヒット商品はこうして生まれた! 第1巻 (ルンバ・Suicaほか)」 エスプレ編著　汐文社　2014年2月【学習支援本】

「あのヒット商品はこうして生まれた! 第2巻 (ガリガリ君・プレミアムロールケーキほか)」 エスプレ編著　汐文社　2014年3月【学習支援本】

「あのヒット商品はこうして生まれた! 第3巻 (ヒートテック・瞬足ほか)」 エスプレ編著　汐文社　2014年3月【学習支援本】

「会社のしごと：会社の中にはどんな職種があるのかな？ 6」 松井大助著　ぺりかん社　2014年5月【学習支援本】

「バンダイ―見学！日本の大企業」 こどもくらぶ編さん　ほるぷ出版　2015年11月【学習支援本】

「身近でできるSDGsエシカル消費. 1」 三輪昭子著；山本良一監修　さ・え・ら書房　2019年3月【学習支援本】

「身近でできるSDGsエシカル消費. 2」 三輪昭子著；山本良一監修　さ・え・ら書房　2019年5月【学習支援本】

「身近でできるSDGsエシカル消費. 3」 三輪昭子著；山本良一監修　さ・え・ら書房　2019年5月【学習支援本】

「会社で働く：製品開発ストーリーから職種を学ぶ！―なるにはBOOKS；別巻」 松井大助著　ぺりかん社　2021年5月【学習支援本】

3 開発、企画にかかわる仕事

研究開発

科学や技術を研究し、新しい発明や発見をする仕事です。例えば、病気を治すための新しい薬を作ったり、宇宙で使えるロボットを開発したりします。新しい技術を生み出すために、たくさんの実験や調査を繰り返し、少しずつ改良を重ねていきます。研究には長い時間がかかることもありますが、その成果が未来の生活を便利にしたり、人々の役に立ったりします。発想力と根気強さが求められる、未来を支える大切な仕事です。

▶お仕事について詳しく知るには

「会社のしごと：会社の中にはどんな職種があるのかな？2」 松井大助著 ぺりかん社 2012年5月【学習支援本】

「探検！ものづくりと仕事人. マヨネーズ・ケチャップ・しょうゆ」 山中伊知郎著 ぺりかん社 2012年8月【学習支援本】

「日清食品―見学！日本の大企業」 こどもくらぶ編さん ほるぷ出版 2012年10月【学習支援本】

「探検！ものづくりと仕事人：「これが好き！」と思ったら、読む本. シャンプー・洗顔フォーム・衣料用液体洗剤」 浅野恵子著 ぺりかん社 2013年7月【学習支援本】

「探検！ものづくりと仕事人：「これが好き！」と思ったら、読む本. リップクリーム・デオドラントスプレー・化粧水」 津留有希著 ぺりかん社 2013年8月【学習支援本】

「キッコーマン―見学！日本の大企業」 こどもくらぶ編さん ほるぷ出版 2014年2月【学習支援本】

「宇宙飛行士になるには―なるにはBOOKS；109」 漆原次郎著 ぺりかん社 2014年6月【学習支援本】

「花王―見学！日本の大企業」 こどもくらぶ編さん ほるぷ出版 2015年2月【学習支援本】

「宇宙を仕事にしよう！―14歳の世渡り術」 村沢譲著 河出書房新社 2016年11月【学習支援本】

「政治のしくみを知るための日本の府省しごと事典. 4」 森田朗監修；こどもくらぶ編 岩崎書店 2018年3月【学習支援本】

「ポプラディアプラス仕事・職業 = POPLAR ENCYCLOPEDIA PLUS Career Guide. 1」
ポプラ社　2018年4月【学習支援本】

「バイオ技術者・研究者になるには―なるにはBOOKS；151」　堀川晃菜著　ぺりかん社
2018年8月【学習支援本】

「宇宙・天文で働く―なるにはBOOKS；補巻20」　本田隆行著　ぺりかん社　2018年10月
【学習支援本】

「大人になったらしたい仕事：「好き」を仕事にした35人の先輩たち 2」　朝日中高生新聞編
集部［編著］　朝日学生新聞社　2018年10月【学習支援本】

「生物に学ぶ技術の図鑑：生物模倣技術〈バイオミメティクス〉の知恵」　成美堂出版編集部
編著　成美堂出版　2018年12月【学習支援本】

「イラストで読むAI入門」　森川幸人著　筑摩書房（ちくまプリマー新書）　2019年3月【学習
支援本】

「化学のしごと図鑑：きみの未来をさがしてみよう」　近畿化学協会編　化学同人　2019年
3月【学習支援本】

「キャリア教育に活きる!仕事ファイル：センパイに聞く 23」　小峰書店編集部編著　小峰書
店　2020年4月【学習支援本】

「宇宙のがっこう」　JAXA宇宙教育センター監修；NHK出版編　NHK出版　2020年7月【学
習支援本】

「国際協力キャリアガイド = International Cooperation Career Guidebook. 2020-21」　国
際開発ジャーナル社 丸善出版（発売）　2020年11月【学習支援本】

「キャリア教育に活きる!仕事ファイル：センパイに聞く 29」　小峰書店編集部編著　小峰書
店　2021年4月【学習支援本】

3 開発、企画にかかわる仕事

商品企画

新しい商品を考え、それが売れるように計画する仕事です。例えば、おもちゃや家電、洋服などのデザインや機能を考え、お客様が欲しいと思う商品を作ります。そのために、市場(マーケット)の調査を行い、お客様の意見を聞きながらアイデアを練ります。また、デザイナーや技術者と協力して開発を進め、より良い商品に仕上げます。流行を取り入れたり、他にはない新しい工夫を考えたりすることが大切です。私たちの生活を楽しく、便利にする商品を生み出す、創造力が求められる仕事です。

> ▶ お仕事について詳しく知るには
>
> 「探検!ものづくりと仕事人. マヨネーズ・ケチャップ・しょうゆ」 山中伊知郎著　ぺりかん社　2012年8月【学習支援本】
>
> 「会社のしごと:会社の中にはどんな職種があるのかな? 3」 松井大助著　ぺりかん社　2012年12月【学習支援本】
>
> 「探検!ものづくりと仕事人:「これが好き!」と思ったら、読む本. リップクリーム・デオドラントスプレー・化粧水」 津留有希著　ぺりかん社　2013年8月【学習支援本】
>
> 「職場体験学習に行ってきました。:中学生が本物の「仕事」をやってみた! 4」 全国中学校進路指導連絡協議会監修　学研教育出版 学研マーケティング (発売)　2014年2月【学習支援本】
>
> 「銀行で働く人たち:しごとの現場としくみがわかる!―しごと場見学!」 小堂敏郎著　ぺりかん社　2016年3月【学習支援本】
>
> 「航空会社図鑑:未来をつくる仕事がここにある」 日本航空監修;青山邦彦絵;日経BPコンサルティング編　日経BPコンサルティング 日経BPマーケティング (発売)　2016年12月【学習支援本】
>
> 「キャリア教育に活きる!仕事ファイル:センパイに聞く 21」 小峰書店編集部編著　小峰書店　2020年4月【学習支援本】
>
> 「会社で働く:製品開発ストーリーから職種を学ぶ!―なるにはBOOKS;別巻」 松井大助著　ぺりかん社　2021年5月【学習支援本】

発明家

今までになかった新しいものや便利な道具を考え、作る仕事です。例えば、使いやすい新しい機械や、暮らしを便利にする日用品を発明することがあります。発明したものは「特許」を取ることで、自分のアイデアを守ることができます。発明には、ひらめきだけでなく、何度も実験をしたり、試作を作ったりする努力が必要です。身の回りの便利な道具や機械は、昔の発明家たちの工夫から生まれました。発明家の仕事は、私たちの生活をより良くするために欠かせない大切な仕事です。

▶お仕事について詳しく知るには

「世界を変えた人が、子どもだったころのお話：読み聞かせ」　PHP研究所編　PHP研究所　2010年4月【学習支援本】

「リンリンちゃんとワンゴ天才発明会社」　丘紫真璃作；MICAO絵　ポプラ社（新・童話の海）2010年12月【学習支援本】

「マスク小学校ハムマスク：なんでもマスクを作ろう！」　宇都木美帆作　ペック工房　汐文社（発売）　2011年4月【学習支援本】

「技術者という生き方—発見！しごと偉人伝」　上山明博著　ぺりかん社　2012年3月【学習支援本】

「世界を変えた！スティーブ・ジョブズ」　アマンダ・ジラー文　星野真理訳　小学館　2012年3月【学習支援本】

「科学感動物語 4」　学研教育出版編集　学研教育出版　2013年2月【学習支援本】

「もっと知りたい！ノーベル賞」　若林文高監修　文研出版（ノーベル賞の大研究）　2014年1月【学習支援本】

「科学のふしぎなぜ？どうして？4年生」　村山哲哉監修；大野正人原案・執筆　高橋書店　2014年3月【学習支援本】

「フィニアスとファーブ．[2]（ドッキリおばけ屋敷）」　キティ・リチャーズ；ララ・バージェン文；杉田七重訳　KADOKAWA（角川つばさ文庫）　2014年4月【学習支援本】

「子供も大人も夢中になる発明入門：全国ジュニア発明展入選作品107点掲載」　つくば科学

3 開発、企画にかかわる仕事

万博記念財団監修；全国ジュニア発明展実行委員会編・著　誠文堂新光社　2014年7月【学習支援本】

「日本の発明・くふう図鑑」　発明図鑑編集委員会編著　岩崎書店　2014年9月【学習支援本】

「安藤百福：即席めんで食に革命をもたらした発明家：実業家・日清食品創業者〈台湾・日本〉―ちくま評伝シリーズ〈ポルトレ〉」　筑摩書房編集部著　筑摩書房　2015年1月【学習支援本】

「テレビを発明した少年：ファイロウ・ファーンズワース物語」　キャスリーン・クルル文；グレッグ・カウチ絵；渋谷弘子訳　さ・え・ら書房　2015年8月【学習支援本】

「よくわかる知的財産権：知らずに侵害していませんか？―楽しい調べ学習シリーズ」　岩瀬ひとみ監修　PHP研究所　2016年1月【学習支援本】

「発明家になった女の子マッティ」　エミリー・アーノルド・マッカリー作；宮坂宏美訳　光村教育図書　2017年9月【学習支援本】

「まんがでわかる「発明」と「発見」1000：教科書でおなじみの人物・出来事がよくわかる」世界文化社　2017年10月【学習支援本】

「ぼくは発明家：アレクサンダー・グラハム・ベル」　メアリー・アン・フレイザー作；おびかゆうこ訳　廣済堂あかつき　2017年11月【学習支援本】

「発明対決：ヒラメキ勝負！：発明対決漫画. 11―かがくるBOOK. 発明対決シリーズ」　ゴムドリco.文；洪鐘賢絵；[HANA韓国語教育研究会] [訳]　朝日新聞出版　2018年2月【学習支援本】

「失敗図鑑：偉人・いきもの・発明品の汗と涙の失敗をあつめた図鑑」　mugny絵；いろは出版編著　いろは出版　2018年3月【学習支援本】

「NHKプロフェッショナル仕事の流儀 3」　NHK「プロフェッショナル」制作班編　ポプラ社2018年4月【学習支援本】

「ばけるニャン：まほうのほうきレース」　大空なごむ作・絵　金の星社　2018年5月【学習支援本】

「キャリア教育に活きる！仕事ファイル：センパイに聞く 19」　小峰書店編集部編著　小峰書店　2019年4月【学習支援本】

「世界を変えた100の偉人：アリストテレスからスティーヴ・ジョブズまで」　ベン・ジリランド著；左巻健男監修；竹花秀春訳　実業之日本社　2019年6月【学習支援本】

「そこが知りたい！発明と特許 1」　こどもくらぶ編　筑摩書房　2019年11月【学習支援本】

「そこが知りたい！発明と特許 2」　こどもくらぶ編　筑摩書房　2019年12月【学習支援本】

「ドラえもん探究ワールドすごい！発明のひみつ」　藤子・F・不二雄まんが；藤子プロ監修；亀井修監修；日本弁理士会監修　小学館（ビッグ・コロタン）　2020年11月【学習支援本】

「世界を変えた知っておくべき100人の発見―インフォグラフィックスで学ぶ楽しいサイエンス」　アビゲイル・ウィートリー文；ラン・クック文；ロブ・ロイド・ジョーンズ文；レオナール・デュポンイラスト；ロクサーヌ・カンポワイラスト；竹内薫訳・監修　小学館　2020年12月【学習支援本】

「お金でわかる!ザワつく!日本の歴史―1冊で流れがつかめる!好きになる!」　本郷和人監修　学研プラス　2021年10月【学習支援本】

「世界の歴史366:ぜんぶこの日にあったこと!―頭のいい子を育てるジュニア」　祝田秀全監修;TOA絵;主婦の友社編　主婦の友社　2021年11月【学習支援本】

▶お仕事の様子をお話で読むには

「ぼくとベルさん:友だちは発明王―わたしたちの本棚」　フィリップ・ロイ著;櫛田理絵訳　PHP研究所　2017年2月【児童文学】

「夢をかなえる未来ノート―わたしたちの本棚」　本田有明著　PHP研究所　2021年3月【児童文学】

「プロクター博士のおならパウダー―ハヤカワ・ジュニア・SF」　ジョー・ネスボ著;神戸万知訳　早川書房　2021年9月【児童文学】

「チョコボと空飛ぶ船:ファイナルファンタジーえほん」　青木和彦作;板鼻利幸絵　スクウェア・エニックス　2021年12月【絵本】

88

4

ものづくりに かかわる知識

4 ものづくりにかかわる知識

伝統工芸

日本に昔から伝わる技術を使って作られる工芸品のことです。例えば、漆器、和紙、刀剣、織物などがあり、職人が長い時間をかけてていねいに作ります。これらの技術は何百年も前から受け継がれており、今も大切に守られています。手作業で作られるため、一つひとつが少しずつ違い、特別な味わいがあります。最近では、昔ながらの技術を生かしながら、新しいデザインを取り入れた作品も作られています。伝統工芸は、日本の文化を伝え、未来へ残していく大切な仕事です。

> ▶お仕事について詳しく知るには

「新13歳のハローワーク」 村上龍著；はまのゆか絵　幻冬舎　2010年3月【学習支援本】

「調べてみよう!日本の職人伝統のワザ6 (「工芸」の職人)」　学研教育出版　2011年2月【学習支援本】

「調べてみよう!日本の職人伝統のワザ7 (「季節・行事」の職人)」　学研教育出版　2011年2月【学習支援本】

「河合敦先生と行く歴史がよくわかる江戸・東京の本」　河合敦監修・著　JTBパブリッシング　2011年4月【学習支援本】

「マスコミ芸能創作のしごと：人気の職業早わかり!」　PHP研究所編　PHP研究所　2011年6月【学習支援本】

「都道府県別日本の伝統文化1 (北海道・東北)」　国土社編集部編　国土社　2014年1月【学習支援本】

「都道府県別日本の伝統文化2 (関東)」　国土社編集部編　国土社　2014年1月【学習支援本】

「都道府県別日本の伝統文化3 (中部)」　国土社編集部編　国土社　2014年2月【学習支援本】

「都道府県別日本の伝統文化4 (近畿)」　国土社編集部編　国土社　2014年2月【学習支援本】

「都道府県別日本の伝統文化5 (中国・四国)」　国土社編集部編　国土社　2014年3月【学習支援本】

「都道府県別日本の伝統文化 6 (九州・沖縄)」　国土社編集部編　国土社　2014年3月【学習支援本】

「伝統アート：匠の技、さえる!―日本文化キャラクター図鑑」　本木洋子文；山田タクヒロ絵　玉川大学出版部　2014年7月【学習支援本】

「最新★修学旅行の本 日光：足尾銅山・富岡製糸場」　国土社編集部編　国土社　2014年9月【学習支援本】

「企業内職人図鑑：私たちがつくっています。 4 (伝統工芸品)」　こどもくらぶ編　同友館　2014年10月【学習支援本】

「最新★修学旅行の本 奈良：吉野山・熊野古道」　国土社編集部編　国土社　2014年11月【学習支援本】

「最新★修学旅行の本 箱根・鎌倉：富士山」　国土社編集部編　国土社　2014年12月【学習支援本】

「最新★修学旅行の本 東京：東京ディズニーランド」　国土社編集部編　国土社　2015年1月【学習支援本】

「イラストと地図からみつける!日本の産業・自然 第4巻 (地場産業・運輸・貿易・情報産業・環境保全)」　青山邦彦絵　帝国書院　2015年2月【学習支援本】

「めざせ!世界にはばたく若き職人 4」　こどもくらぶ編　WAVE出版　2015年3月【学習支援本】

「世界遺産になった和紙 3」　新日本出版社　2015年7月【学習支援本】

「世界遺産になった和紙 4」　こどもくらぶ編・著　新日本出版社　2015年7月【学習支援本】

「未来のお仕事入門 = MANGA FUTURE CAREER PRIMER―学研まんが入門シリーズ」　東園子 まんが　学研教育出版 学研マーケティング (発売)　2015年8月【学習支援本】

「企業内職人図鑑：私たちがつくっています。 7 (伝統工芸品の二)」　こどもくらぶ編　同友館　2015年10月【学習支援本】

「文化や歴史やってみよう!6テーマ―光村の国語情報活用調べて、考えて、発信する；1」　髙木まさき監修；森山卓郎監修；青山由紀編；成田真紀編　光村教育図書　2015年12月【学習支援本】

「職場体験学習に行ってきました。：中学生が本物の「仕事」をやってみた! 13」　全国中学校進路指導・キャリア教育連絡協議会監修　学研プラス　2016年2月【学習支援本】

「自然の材料と昔の道具 1」　深光富士男著　さ・え・ら書房　2016年3月【学習支援本】

「企業内職人図鑑：私たちがつくっています。 10」　こどもくらぶ編　同友館　2016年10月【学習支援本】

「里山で木を織る：藤布がおしえてくれた宝物」　川北亮司作；山田花菜絵　汐文社　2016年10月【学習支援本】

「10代のための仕事図鑑 = The career guide for teenagers：未来の入り口に立つ君へ」　大泉書店編集部編　大泉書店　2017年4月【学習支援本】

「TOKYO COOL JAPAN EXPERIENCE：東京で体験できるクールジャパンガイド」

4 ものづくりにかかわる知識

Beretta著　雷鳥社　2017年4月【学習支援本】

「わくわく発見!日本の伝統工芸」　竹永絵里画　河出書房新社　2017年5月【学習支援本】

「子どもに伝えたい和の技術 8」　和の技術を知る会著　文溪堂　2017年9月【学習支援本】

「日本の手仕事 [1]」　遠藤ケイ絵と文　汐文社　2017年9月【学習支援本】

「企業内職人図鑑 : 私たちがつくっています。13」　こどもくらぶ編　同友館　2017年11月【学習支援本】

「伝統工芸のきほん 1」　伝統工芸のきほん編集室著　理論社　2017年11月【学習支援本】

「日本の手仕事 [3]」　遠藤ケイ絵と文　汐文社　2017年11月【学習支援本】

「伝統工芸のきほん 2」　伝統工芸のきほん編集室著　理論社　2017年12月【学習支援本】

「伝統工芸のきほん 3」　伝統工芸のきほん編集室著　理論社　2018年1月【学習支援本】

「好きなモノから見つけるお仕事 : キャリア教育にぴったり! 4」　藤田晃之監修　学研プラス　2018年2月【学習支援本】

「伝統工芸のきほん 4」　伝統工芸のきほん編集室著　理論社　2018年2月【学習支援本】

「伝統工芸のきほん 5」　伝統工芸のきほん編集室著　理論社　2018年2月【学習支援本】

「ポプラディアプラス仕事・職業 = POPLAR ENCYCLOPEDIA PLUS Career Guide. 1」　ポプラ社　2018年4月【学習支援本】

「調べる!47都道府県伝統工芸で見る日本」　こどもくらぶ編　同友館　2018年10月【学習支援本】

「夢をそだてるみんなの仕事300 : 野球選手/花屋 サッカー選手 医師/警察官 研究者/消防士 パティシエ 新幹線運転士 パイロット 美容師/モデル ユーチューバー アニメ監督 宇宙飛行士ほか」　講談社　2018年11月【学習支援本】

「47都道府県調べて楽しい!!あなたのまちの凄い!地場産業めぐり 1　教育画劇　2019年2月【学習支援本】

「日本の伝統文化仕事図鑑 [2]」　ワン・ステップ編　金の星社　2019年2月【学習支援本】

「ザ・裏方 : キャリア教育に役立つ! 3　フレーベル館　2019年3月【学習支援本】

「にっぽん全国のさがしもの : 47都道府県をたびしよう!」　山本真嗣作・絵　PHP研究所　2019年3月【学習支援本】

「日本の伝統文化仕事図鑑 [1]」　ワン・ステップ編　金の星社　2019年3月【学習支援本】

「47都道府県調べて楽しい!!あなたのまちの凄い!地場産業めぐり 2　教育画劇　2019年4月【学習支援本】

「47都道府県調べて楽しい!!あなたのまちの凄い!地場産業めぐり 3　教育画劇　2019年4月【学習支援本】

「しかけは世界を変える!! : 毎日がたのしくなる!まほうのしかけ―TOKYO NEWS BOOKS」　松村真宏著　東京ニュース通信社　2019年7月【学習支援本】

「やきもの : おんた焼き◆大分県日田市―伝統工芸の名人に会いに行く ; 1」　瀬戸山玄 文と

写真　岩崎書店　2019年11月【学習支援本】

「よみがえった奇跡の紅型」　中川なをみ著　あすなろ書房　2019年11月【学習支援本】

「クレヨンしんちゃんの47都道府県なるほど地図帳 改訂新版—クレヨンしんちゃんのなんでも百科シリーズ」　臼井儀人キャラクター原作；有木舎編集・構成　双葉社　2019年12月【学習支援本】

「紙すき：小川和紙◆埼玉県比企郡小川町—伝統工芸の名人に会いに行く；2」　瀬戸山玄 文と写真　岩崎書店　2020年1月【学習支援本】

「伝統工芸のよさを伝えよう：教科書から広げる学習 1」　青山由紀監修；オフィス303編　汐文社　2020年1月【学習支援本】

「曲げわっぱ：大館曲げわっぱ◆秋田県大館市—伝統工芸の名人に会いに行く；3」　瀬戸山玄 文と写真　岩崎書店　2020年2月【学習支援本】

「伝統工芸のよさを伝えよう：教科書から広げる学習 2」　青山由紀監修；オフィス303編　汐文社　2020年2月【学習支援本】

「石川県のひみつ：伝統工芸—学研まんがでよくわかるシリーズ；地域のひみつ編」　吉祥寺笑まんが；YHB編集企画構成　石川県　2020年3月【学習支援本】

「知ってる?アップサイクル：もうひとつのリサイクル 1」　「知ってる?アップサイクル」編集委員会編　さ・え・ら書房　2020年3月【学習支援本】

「伝統工芸のよさを伝えよう：教科書から広げる学習 3」　青山由紀監修；オフィス303編　汐文社　2020年3月【学習支援本】

「調べてみよう!日本の伝統工芸のみりょく 1」　伝統的工芸品産業振興協会監修　ポプラ社　2020年10月【学習支援本】

「調べてみよう!日本の伝統工芸のみりょく 2」　伝統的工芸品産業振興協会監修　ポプラ社　2020年10月【学習支援本】

「調べてみよう!日本の伝統工芸のみりょく 3」　伝統的工芸品産業振興協会監修　ポプラ社　2020年10月【学習支援本】

「調べてみよう!日本の伝統工芸のみりょく 4」　伝統的工芸品産業振興協会監修　ポプラ社　2020年10月【学習支援本】

「調べてみよう!日本の伝統工芸のみりょく 5」　伝統的工芸品産業振興協会監修　ポプラ社　2020年10月【学習支援本】

「調べてみよう!日本の伝統工芸のみりょく 6」　伝統的工芸品産業振興協会監修　ポプラ社　2020年10月【学習支援本】

「調べてみよう!日本の伝統工芸のみりょく 7」　伝統的工芸品産業振興協会監修　ポプラ社　2020年10月【学習支援本】

「世界にほこる和紙 [2]」　増田勝彦監修　金の星社　2021年3月【学習支援本】

「世界にほこる和紙 [3]」　増田勝彦監修　金の星社　2021年3月【学習支援本】

「クイズとことん都道府県 2」　由井薗健監修　理論社　2021年7月【学習支援本】

4 ものづくりにかかわる知識

「守ろう!みんなの東北 1―まんが地域学習シリーズ」　青木健生原作；藤原ちづる漫画；東北活性化研究センター監修　マイクロマガジン社　2021年9月【学習支援本】

▶お仕事の様子をお話で読むには

「八百八寺の風鈴屋」　石崎とも著　KADOKAWA(メディアワークス文庫)　2015年2月【ライトノベル・ライト文芸】

設計、製図

建物や機械の形やしくみを考え、図面を作ることです。建築設計では、家やビルの間取りやデザインを決め、機械設計では、車のエンジンやロボットの部品を作るための計画を立てます。図面をもとに職人さんや技術者が実際に作るため、正確さがとても大切です。CAD(キャド)

などコンピュータのソフトを使い、細かい部分までしっかり設計します。設計・製図の仕事のおかげで、安全で便利な建物や機械を作ることができます。

測量
そくりょう

土地の広さや高さ、形を正確に測ることです。例えば、新しい道路や建物を作るときに、どこにどのくらいの大きさで作るべきかを決めるために測量を行います。測量士は専用の機械を使い、土地の傾きや高さを調べ、正確な地図や設計図を作るための基礎となるデータを提供します。この仕事が正しく行われないと、安全な建物や道路を作ることができません。測量は、建築や土木工事に欠かせない、大切な仕事です。

> ▶お仕事について詳しく知るには

「だいたいいくつ?：数えてみよう・はかってみよう」　ブルース・ゴールドストーンさく；まつむらゆりこやく　福音館書店　2010年2月【学習支援本】

「伊能忠敬：正確な日本地図を信念と歩測だけでつくった男―集英社版・学習漫画. 世界の伝記next」　藤みき生漫画；蛭海隆志シナリオ　集英社　2010年7月【学習支援本】

「さんすうねんど：数量・図形に強くなる―プレneo books」　岡田ひとみ著　小学館　2011年3月【学習支援本】

「ながさ―かならずわかるさんすうえほん；低学年 3」　いしいたかこぶん；たかはしゆいこえ　大月書店　2011年5月【学習支援本】

「伊能忠敬：はじめて日本地図をつくった男」　国松俊英著；十々夜画　岩崎書店（フォア文庫）　2011年9月【学習支援本】

「伊能忠敬―コミック版世界の伝記；9」　キヤマミチアキ漫画；星埜由尚監修　ポプラ社　2011年11月【学習支援本】

「伊能忠敬：正確な日本地図をつくった測量家―よんでしらべて時代がわかるミネルヴァ日本歴史人物伝」　西本鶏介文；青山邦彦絵；大石学監修　ミネルヴァ書房　2012年2月【学習支援本】

「さんすうだいすき 9」　遠山啓著　日本図書センター　2012年3月【学習支援本】

「もののはかりかた大研究：しくみや方法にびっくり！：山の高さから宇宙の年齢まで」　瀧澤美奈子著　PHP研究所　2012年6月【学習支援本】

「日本の地理＝JAPANESE GEOGRAPHY 8 (地図の見方・使い方,総さくいん) 最新版」　井田仁康監修　学研教育出版　2013年2月【学習支援本】

4 ものづくりにかかわる知識

「調べてみよう!!地面のボタンのなぞ : 一番えらいボタンをさがせ!!」 日本土地家屋調査士会連合会編　日本加除出版　2013年11月【学習支援本】

「なんでもはかろう : これならわかる! 新装版―学校の先生たちがつくった! ; 6」 藤沢市算数教育研究会著 ; 秋玲二絵　日本図書センター（さんすう文庫）　2014年11月【学習支援本】

「地図博士になろう! : 基本から歴史・最新技術まで―楽しい調べ学習シリーズ」 梅澤真一監修　PHP研究所　2014年12月【学習支援本】

「伊能忠敬 : 歩いてつくった日本地図―調べる学習百科」 国松俊英著　岩崎書店　2016年2月【学習支援本】

「守ろう・育てよう日本の水産業 5 (都道府県別・まるわかり水産業)」 坂本一男監修　岩崎書店　2016年2月【学習支援本】

「ぜったいすきになる! 1」 坪田耕三監修　フレーベル館　2016年10月【学習支援本】

「グラムのえほん―単位がわかる」 オフィス303編著　ほるぷ出版　2016年12月【学習支援本】

「小学校の社会友だちに話したくなる地図のヒミツ」 田代博監修 ; 造事務所編著　実務教育出版　2017年8月【学習支援本】

「算数・数学で何ができるの? : 算数と数学の基本がわかる図鑑」 DK社編 ; 松野陽一郎監訳 ; 上原昌子訳　東京書籍　2021年1月【学習支援本】

「そうだったのか!身近なもののはかり方図鑑 : ビジュアル解説!」 「そうだったのか!身近なもののはかり方図鑑」編集委員会編　文研出版　2021年2月【学習支援本】

「数学アタマがぐんぐん育つ算数の実験大図鑑」 DK社編著 ; 越前敏弥訳 ; 笹田元子訳 ; 信藤玲子訳　新星出版社　2021年11月【学習支援本】

エコデザイン

環境にやさしい製品や建物をデザインすることです。例えば、電気をあまり使わない省エネ家電や、リサイクルできる材料を使った家具などがあります。自然の力をうまく利用したエコな家やビルを設計することもあります。エコデザインでは、資源を無駄にせず、環境にできるだけ負担をかけない工夫を考えることが大切です。そして、使いやすく、見た目も美しいデザインにすることが求められます。未来の地球を守るために、とても大切な考え方です。

ソーシャルデザイン

社会の問題を解決するために、みんなが使いやすくて便利なしくみや道具をデザインすることです。例えば、災害が起きたときに役立つ避難所のしくみを作ったり、地域のコミュニティを元気にするためのイベントを考えたりします。ソーシャルデザインは、みんながもっと楽しく、安心して暮らせるようにするための工夫です。社会全体の問題を解決するために、新しいアイデアやデザインを使って、みんなが幸せになれる方法を見つけることが目標です。

▶お仕事について詳しく知るには

「よのなかを変える技術：14歳からのソーシャルデザイン入門―14歳の世渡り術」 今一生著　河出書房新社　2015年4月【学習支援本】

4 ものづくりにかかわる知識

ユニバーサルデザイン

すべての人が使いやすいように工夫されたデザインのことです。例えば、階段の代わりに誰でも使えるスロープを作ったり、字が大きくて読みやすい本を作ったりします。ユニバーサルデザインは、お年寄りや車椅子を使っている人、小さな子どもなど、みんなが快適に使えるようにすることが目標で、年齢や体の状態に関係なく、どんな人でも使いやすく、安全に使えるように考えられています。誰もが安心して使えるものや場所を作るために、ユニバーサルデザインはとても大切です。

▶お仕事について詳しく知るには

「ユニバーサルデザイン 第2期 1」 神保哲生監修　あかね書房　2012年4月【学習支援本】

「ユニバーサルデザイン 第2期 2」 神保哲生監修　あかね書房　2012年4月【学習支援本】

「ユニバーサルデザイン 第2期 3」 神保哲生監修　あかね書房　2012年4月【学習支援本】

「TOTO―見学!日本の大企業」 こどもくらぶ編さん　ほるぷ出版　2012年12月【学習支援本】

「もっと知りたい!お年よりのこと 3 (お年よりがくらしやすい社会へ)」 服部万里子監修　岩崎書店　2013年1月【学習支援本】

「みんなのユニバーサルデザイン 1 (家族と考えるユニバーサルデザイン)」 川内美彦監修　学研教育出版　2013年2月【学習支援本】

「みんなのユニバーサルデザイン 2 (学校で考えるユニバーサルデザイン)」 川内美彦監修　学研教育出版　2013年2月【学習支援本】

「みんなのユニバーサルデザイン 3 (町の人とつくるユニバーサルデザイン)」 川内美彦監修　学研教育出版　2013年2月【学習支援本】

「みんなのユニバーサルデザイン 4 (社会で取り組むユニバーサルデザイン)」 川内美彦監修　学研教育出版　2013年2月【学習支援本】

「みんなのユニバーサルデザイン 5 (活動の場を広げるユニバーサルデザイン)」 川内美彦監修　学研教育出版　2013年2月【学習支援本】

「みんなのユニバーサルデザイン 6 (これからのユニバーサルデザイン)」 川内美彦監修　学研教育出版　2013年2月【学習支援本】

「コクヨ―見学!日本の大企業」 こどもくらぶ編さん ほるぷ出版 2013年10月【学習支援本】

「音のない世界と音のある世界をつなぐ：ユニバーサルデザインで世界をかえたい!」 松森果林著 岩波書店（岩波ジュニア新書） 2014年6月【学習支援本】

「よくわかる!記号の図鑑 3 (ユニバーサルデザイン、福祉、医療の記号)」 木村浩監修 あかね書房 2015年3月【学習支援本】

「日本の自動車工業：生産・環境・福祉 5 (福祉車両とバリアフリー)」 鎌田実監修 岩崎書店 2015年3月【学習支援本】

「色のまなび事典 1 (色のひみつ)」 茂木一司編集；手塚千尋編集；夏目奈央子イラスト・デザイン 星の環会 2015年4月【学習支援本】

「理解しよう、参加しよう福祉とボランティア 2」 加山弾監修 岩崎書店 2017年1月【学習支援本】

「発見!体験!工夫がいっぱい!ユニバーサルデザイン」 川内美彦監修 学研プラス 2017年2月【学習支援本】

「肢体不自由のある友だち―知ろう!学ぼう!障害のこと」 笹田哲監修 金の星社 2017年3月【学習支援本】

「ユニバーサルデザインUDがほんとうにわかる本：見る!知る!考える! 1―Rikuyosha Children & YA Books」 小石新八監修；こどもくらぶ編 六耀社 2017年11月【学習支援本】

「ユニバーサルデザインUDがほんとうにわかる本：見る!知る!考える! 2」 小石新八監修；こどもくらぶ編 六耀社（Rikuyosha Children & YA Books） 2018年2月【学習支援本】

「ユニバーサルデザインUDがほんとうにわかる本：見る!知る!考える! 3」 小石新八監修；こどもくらぶ編 六耀社（Rikuyosha Children & YA Books） 2018年3月【学習支援本】

「みんなのバリアフリー 2」 徳田克己監修 あかね書房 2018年4月【学習支援本】

「手で読む心でさわるやさしい点字 3」 日本点字委員会監修；国土社編集部編集 国土社 2018年4月【学習支援本】

「星空を届けたい：出張プラネタリウム、はじめました!」 髙橋真理子文；早川世詩男絵 ほるぷ出版 2018年7月【学習支援本】

「車いすの図鑑：バリアフリーがよくわかる」 髙橋儀平監修 金の星社 2018年9月【学習支援本】

「参加しよう!東京パラリンピックとバリアフリー 2」 山岸朋央著 汐文社 2018年12月【学習支援本】

「よくわかるユニバーサルデザイン：考え方から社会への広がりまで―楽しい調べ学習シリーズ」 柏原士郎監修 PHP研究所 2019年3月【学習支援本】

「みんなで楽しもう!UD(ユニバーサルデザイン)スポーツ 1」 大熊廣明監修；こどもくらぶ編集 文研出版 2019年9月【学習支援本】

「みんなで楽しもう!UD(ユニバーサルデザイン)スポーツ 2」 大熊廣明監修；こどもくらぶ

4 ものづくりにかかわる知識

編集　文研出版　2019年10月【学習支援本】

「みんなで楽しもう!UD(ユニバーサルデザイン)スポーツ 3」　大熊廣明監修；こどもくらぶ編集　文研出版　2019年11月【学習支援本】

「ユニバーサルデザインでみんなが過ごしやすい町へ 1」　白坂洋一監修　汐文社　2020年9月【学習支援本】

「ユニバーサルデザインでみんなが過ごしやすい町へ 2」　白坂洋一監修　汐文社　2020年10月【学習支援本】

「ユニバーサルデザインでみんなが過ごしやすい町へ 3」　白坂洋一監修　汐文社　2020年11月【学習支援本】

「福祉用具の図鑑 [1]」　徳田克己監修　金の星社　2021年2月【学習支援本】

「SDGsを実現する2030年の仕事未来図 1巻」　SDGsを実現する2030年の仕事未来図編集委員会著　文溪堂　2021年11月【学習支援本】

建築学

安全で快適な建物を作るための知識や技術を研究する学問です。建築士や建設技術者を目指す人が学ぶ分野で、例えば、地震に強い建物の作り方や、風や光をうまく生かした快適な家の

設計方法などを学びます。昔の有名な建物の研究や、新しい建築材料の開発も行われます。また、環境にやさしい建築の工夫や、災害に強い都市づくりについても研究されます。建築学を学ぶことで、人々が安心して暮らせる建物や街を作ることができます。

▶ お仕事について詳しく知るには

「14歳からのケンチク学」　五十嵐太郎編　彰国社　2015年4月【学習支援本】

3Dプリンター

コンピュータで作った設計図をもとに、立体的なものを作る機械です。紙に印刷する普通のプリンターとは違い、プラスチックや金属などの材料を積み重ねて形を作ります。例えば、機械の部品や建物の模型、医療用の道具など、さまざまなものが作れます。今まで手作業で作っていたものも、3Dプリンターを使うと短い時間で正確に作ることができます。建築や医療、工業など、多くの分野で活躍している便利な技術です。

▶お仕事について詳しく知るには

「なりたい自分を見つける!仕事の図鑑.15 (オンリーワンの技術でかがやく仕事)」〈仕事の図鑑〉編集委員会 編　あかね書房　2014年3月【学習支援本】

「科学館 = SHOGAKUKAN ENCYCLOPEDIA OF SCIENCE FOR CHILDREN : キッズペディア」　日本科学未来館;筑波大学附属小学校理科部監修　小学館　2014年12月【学習支援本】

「ものづくりを変える!3Dプリンター―調べる学習百科」　田中浩也監修　荒舩良孝 文　岩崎書店　2015年12月【学習支援本】

「もののしくみ大図鑑 : どうやって動くの? : 電球から家庭用ロボットまでもののしくみがよくわかる!」　ジョエル・ルボーム;クレマン・ルボーム文　村上雅人監修　村井丈;美村井忍;塩見明子訳　世界文化社　2016年6月【学習支援本】

「もののしくみ大図鑑 : サイエンスプラス : なぜうごく?どうちがう? : スマートフォンから宇宙ロケットまでもののしくみがよくわかる!」　ジョエル・ルボーム;クレマン・ルボーム著　村上雅人監修　世界文化社　2018年6月【学習支援本】

「5分ごとにひらく恐怖のとびら百物語.2」　日本児童文学者協会編　文溪堂　2018年7月【学習支援本】

「こども大百科もっと大図解―小学館キッズペディア　小学館　2018年11月【学習支援本】

「将来何してる?キミの未来年表―小学生のミカタ」　野村総合研究所未来創発センター監修　小学館　2019年4月【学習支援本】

「知っておきたい!モノのしくみ」　ジョン・ファーンドン;ロブ・ビーティー 文　門田和雄監訳　東京書籍　2019年8月【学習支援本】

4 ものづくりにかかわる知識

「くらしをべんりにする新・情報化社会の大研究.5」 藤川大祐監修 岩崎書店 2021年3月【学習支援本】

「科学のふしぎ366：1日1ページで小学生から頭がよくなる!」 左巻健男編著 きずな出版 2021年5月【学習支援本】

「未来の医療で働くあなたへ―14歳の世渡り術」 奥真也著 河出書房新社 2021年10月【学習支援本】

IoT

いろいろなものをインターネットにつなげて、便利に使えるようにする技術です。例えば、冷蔵庫や電気、時計、車などがインターネットにつながって、自動で動いたり、遠くから操作できたりします。IoTを使うと、車がどこにあ

るかを地図で見たり、家の電気がどれだけ使われているかを確認したりもできます。IoTは、もの同士が情報をやり取りして、私たちの生活をもっと便利で快適にしてくれます。

▶お仕事について詳しく知るには

「IoTを支える技術：あらゆるモノをつなぐ半導体のしくみ」 菊地正典著 SBクリエイティブ 2017年3月【学習支援本】

「ドラえもん科学ワールド未来のくらし」 小学館（ビッグ・コロタン） 藤子・F・不二雄 まんが；藤子プロ, 大﨑章弘監修；小学館ドラえもんルーム編 2020年1月【学習支援本】

「21世紀の新しい職業図鑑：未来の職業ガイド」 武井一巳著 秀和システム 2020年8月【学習支援本】

「こんなにスゴイ!未来のせかい = WONDERFUL FUTURE WORLD」 増田まもる監修 東京書籍 2020年12月【学習支援本】

「データで変わる!産業とくらし.1」 小峰書店 稲田修一監修 2021年11月【学習支援本】

103

お仕事さくいん
建築やものづくりに
かかわるお仕事

2025年2月28日　第1刷発行

発行者	道家佳織
編集・発行	株式会社DBジャパン 〒151-0073　東京都渋谷区笹塚1-5-1
電話	03-6304-2431
ファクス	03-6369-3686
e-mail	books@db-japan.co.jp
装丁	DBジャパン
電算漢字処理	DBジャパン
印刷・製本	大日本法令印刷株式会社

不許複製・禁無断転載
〈落丁・乱丁本はお取り替えいたします〉
ISBN 978-4-86140-578-5
Printed in Japan